◇ 教育部人文社会科学研究一般项目（11YJA790161）
◇ 本书由湖南商学院学术著作出版基金资助出版

缩小城乡收入差距的有效财政制度安排和政策工具研究

The Effective Financial System Arrangement and Political Tools Selection to Narrow the Income Gap Between Urban and Rural

◎ 温桂荣 著

西安交通大学出版社
XI'AN JIAOTONG UNIVERSITY PRESS

图书在版编目（CIP）数据

缩小城乡收入差距的有效财政制度安排和政策工具研究 / 温桂荣著 . —西安：西安交通大学出版社，2016. 9

ISBN 978-7-5605-9019-6

Ⅰ . ①缩… Ⅱ . ①温… Ⅲ . ①居民收入—收入差距—城乡差别—财政制度—研究—中国②居民收入—收入差距—城乡差别—财政政策—研究—中国 Ⅳ . ① F126. 2 ② F812. 2

中国版本图书馆 CIP 数据核字（2016）第 228179 号

书　　名　缩小城乡收入差距的有效财政制度安排和政策工具研究
著　　者　温桂荣
责任编辑　魏　杰　贺彦峰

出版发行　西安交通大学出版社
（西安市兴庆南路 10 号　邮政编码 710049）
网　　址　http://www.xjtupress.com
电　　话　（029）82668357　82667874（发行中心）
（029）82668315（总编办）
传　　真　（029）82668280
印　　刷　虎彩印艺股份有限公司

开　　本　787mm × 1092mm　1/16　　**印张**　14.25　　**字数**　219 千字
版次印次　2016 年 9 月第 1 版　2016 年 9 月第 1 次印刷
书　　号　ISBN 978-7-5605-9019-6/F・642
定　　价　78.00 元

前　言

严重的收入差距是未来十年中全球发展的最大风险之一，也是我国建设小康社会面临的主要问题之一。我国自1978年提出“克服平均主义”至2013年年初国务院批转《收入分配制度改革若干意见》以来，收入分配问题一直与中国改革相伴相生，是我国需要重点解决的高难度问题之一。笔者长期从事财政税收专业的教学和科研工作，对城乡收入差距的研究更多是从财政和税收政策宏观调控的角度展开的。笔者主持了“缩小城乡收入差距的有效财政制度安排和政策工具研究”这一教育部社科基金项目，本书也是该课题的主要研究成果之一。

本书主要分为两大部分。第一部分是关于财政制度影响城乡收入差距的国内外文献述评和研究基础，主要包括三个方面：一是详细梳理了国内外学者关于财政制度影响城乡收入差距的主要研究成果并结合主题逐一进行了客观具体的评述；二是从城乡收入差距的基本概念界定和调节城乡收入差距的财政理论基础两个角度分析了二者之间的经济关系，为下文的实证研究打下了坚实的理论基础；三是对我国1978年改革开放以来城乡收入差距发展演变进行了实证考察，描述了城乡收入差距演变的规律。在此基础上，本书重点进行了财政制度影响城乡收入差距的实证研究，具体从财政支出制度和税收制度两个角度展开了系统的实证分析。在财政支出制度的选择上，沿着从一般到特殊的研究思路，选择从全国到中部地区再到湖南的区域研究特色，进行了详细的效果测度，并选择财政教育支出作为典型研究项目单独成章分析。税收制度也延续财政支出部分的研究思路，从税收制度角度进行了系统的实证分析，并选择个人所得税作为典型项目单独成节深入分析。由全国到地方的层层深入实证研究使得本书研究结论扎实可靠，为实践决策提供了重要参考。

本书研究既有一定深度的理论分析，更主要是有全面系统的实证研究，尤其是从财政支出和税收两大类财政制度和政策工具角度对城乡收入差距的影响深入进行实证研究，运用相关模型测度了样本期内宏观财政税收制度和政策工具影响城乡收入差距变化的效果大小和规律，并针对全国、中部地区和湖南省提出了缩小城乡收入差距的有效财政制度安排和政策工具建议。

当然，还可以从不同分配环节的角度继续做下一步深入的研究，以产生更多的研究成果来丰富此研究领域。

温桂荣

2016年7月12日

目　录

第一章　绪　论

严重的收入差距是未来十年中全球发展的最大风险之一。我国自1978年提出“克服平均主义”至2013年年初国务院批转《收入分配制度改革若干意见》以来，收入分配问题一直与中国改革相伴相生，是我国需要重点解决的高难度问题之一。党的十八大提出2020年城乡居民人均收入要实现倍增，在实现居民收入倍增的过程中，要着力解决收入分配差距较大的问题。由于城乡收入差距是总体收入差距上升的主要原因和所有收入差距问题研究的核心，其再次成为经济问题研究的重中之重。

第一节　问题的提出与研究意义

一、问题的提出

目前，我国收入差距全方位扩大。从2000年开始，我国基尼系数开始超过0.4（2000年基尼系数为0.412），2008年达到最大值0.491之后开始缓慢下降，2015年全国基尼系数为0.462，实现了七连降。[1] 但我国基尼系数长达16年维持在0.4以上的高位，且短时间内难以下降到0.4以下；城乡居民收入绝对差距从1978年的209.8元扩大到2015年的

[1] 根据国家统计局网站数据整理。

19 773元，改革开放37年间收入差距被拉大了94倍多（国家统计局）。❶城乡收入分配链被严重扭曲，城乡收入差距是导致总体收入差距上升的主要原因，这和我国城乡和谐建设的基本政策精神相违背。基于财政政策和工具的调控规模不断扩大和结构逐渐优化，兼具收入公平分配和促进经济增长的双重作用，是更有优越性的预微调手段，已经成为我国比较有效的宏观调控政策之一。

我国十三五规划纲要明确指出，经济社会发展的主要目标是人民生活水平和质量普遍提高，收入差距缩小，中等收入人口比重上升。由此可见，调节收入分配、缩小城乡收入差距、健全城乡一体化机制、长效促进农民增收仍然是国家的长久目标，也是发展民生的政策重点。

二、研究意义

“十三五”时期是我国收入分配关系的重要调整期。探究缩小城乡收入差距的有效财政制度安排和政策工具选择具有一定的前瞻性，研究结论可为缩小我国城乡收入差距的财税制度改革提供重要的理论支持和具体的政策建议。具体研究意义概括如下：

（1）从缩小城乡收入差距的有效财政制度和政策工具角度展开研究，研究角度比较新颖，抓住了居民收入差距扩大的关键问题，具有重要的现实意义。

（2）以财政制度对缩小城乡收入差距的效用度量为技术分析重点，突出了宏观问题微观分析的准确性，为对策选择提供了可靠的依据，研究方法有一定的创新性。

（3）以缩小城乡收入结果公平为目标导向，寻求有效的财政支出制度和税收制度、转移支付制度变迁规律，并通过典型案例分析提升研究成果的实际操作性，避免了“开药方”式的对策建议提法，具有实际指导价值。

---

❶ 根据国家统计局网站数据整理。

第二节 国内外文献述评

一、国外文献综述

收入差距形成原因及其对经济增长的影响一直是经济学研究的重要对象之一，甚至是宏观经济学研究的关键问题。而城乡收入差距是总体收入差距上升的主要原因和所有收入差距问题研究的核心。

（一）城乡收入差距的研究

从现有国外相关研究资料来看：其一是收入差距的度量研究。Atkinson（1970）解决了如何比较具有相同均值收入的两条洛伦茨曲线不相交叉时的收入分布何者更合意问题。之后 Shorrocks（1983）、Kakwani（1984）、Amartya Sen（1981）等人对收入差距的度量研究不断深化。其二是经济增长与收入差距关系的研究。Kuznets（1955）通过实证分析，指出经济增长与收入分配不平等呈“倒 U”形关系。在 Kuznets 之后，国外对收入不平等问题进行了广泛的研究（Ahluwalia，Carterand Chenery，1976；Deininger and Squire，1996；Wider，2000；The World Bank，2004；Aeemoglu and Robinson，2002；Bourguignon，2003），其主要集中在收入差距和经济增长的关系上。其三是影响收入差距扩大的因素研究。国外学者对收入差距的产生原因做出详尽的说明，但由于原因错综复杂，国外学者的侧重点也不同，此处仅综述从与政府相关的角度出发的研究。舒尔茨（1978）和爱默生（1986）认为，享受政府的相关优惠政策的最大既得利益者是城镇，城镇的资源远远优于农村地区，使得城市工业化、城市化进程加快，从而使城镇的收入不断快速增加，而农村一直处于被剥削的不利地位，农村的发展严重滞后，城乡收入差距也由此产生。Saibal Kar 和 Shrabani Saha（2013）通过考察一些拉丁美洲和南亚国家的历史对比得出，政府寻租的存在与收入不公平之间密切相关；官僚主义和政府腐败是收入差距扩大的病因和源泉；清廉指数对宏观经济和收入差距较为敏感。

（二）财税制度和政策调节收入差距的理论研究

瓦格纳对税收调节个人收入分配论述较多，他从社会政策税收理论出发，提出减少低收入者税收负担的主张。 Hochman 和 Rodgers（1969）、Brennan（1973）提出了当个人效用间存在着相互依存性时，政府再分配可以达到效率与公平兼顾的双重目标。 Rawls（1972）从社会公正的角度提出了政府干预收入差距的理由。 Musgrave（1959）系统地提出政府财政支出的三大职能，即资源配置、收入分配、宏观经济稳定，推动了从财政角度分析收入差距的研究。 关于财政分权、财政支出效率等对于收入差距的影响，Oates（1999）认为中央政府和地方政府在应对居民的社会公共产品方面具有不同的优点，地方政府更了解当地居民对公共产品的需求以及需求的特点，所以在社会公共产品的供给中财政分权是必要的，财政分权可以发挥地方政府在提供地方公共产品方面的信息优势，进而提高政府财政支出的效率，并借此改善社会福利状况。 日本经济学家橘木俊诏（2005）从收入与资产的角度分析了日本 20 世纪 80 年代后期的贫富差距及政府税收干预。 Yang Song（2013）从收入分权、支出分权和自治权利三方面论述了财政分权使全国范围内的收入合理分配失衡，加重了社会的不平等性。

（三）财政支出政策调节收入差距的研究

从理论上来看，财政支出具有调节收入公平分配的经济职能。 不论是征收比例税还是征收定量税，财政支出的变动都会由于乘数效应的影响，带来更大的收入变动。 财政支出总体规模和结构均对收入分配有不同程度的影响，政府如果实施过分追求经济增速而忽视社会公平的财政支出政策，将会恶化一国收入分配状况，即拉大收入差距。 财政购买性支出规模大，则会通过强化资源配置职能间接影响收入公平分配；财政转移性支出规模大，一般会直接影响收入公平分配。 国外学者在研究财政支出对收入分配影响方面时间较早，理论和实证研究较为成熟，均有严谨的数学推理和合理的经济模型做支撑，逻辑性较强。 国外学者在此研究领域具有开拓和领导的地位，基本上形成了两类观点。

1. 财政支出无益于缩小收入差距

财政支出对收入分配特别是收入再分配具有显著的影响。但一些学者认为财政支出属于政府过于干预经济的失当行为，破坏了以效率和竞争为特性的市场规则，再加上政府信息的不对称性和官僚主义的存在，财政支出无益于收入的公平合理分配。美国经济学家 Simon Kuznets（1955）通过对一些发达国家和发展中国家不平等状况的对比考察，提出著名的“倒 U”形假说，认为在经济发展初期收入差距是不可避免的存在，收入差距的扩大是经济发展所产生的机会成本，两者互为替代关系。因此在经济发展初期，政府在财政支出方面对于缩小收入差距而言是徒劳的，收入差距会随着经济的进一步发展而自然缩小。Turnovsky 和 Cecilia（2007）通过财政支出与收入分配的实证分析得出，美国的财政支出政策虽然能够促进经济增长率的提高，但同时加剧了收入分配差距的恶化。这与大部分人的预期相反，并重点将财政支出列入收入分配差距的影响因素之中，认为政府的财政决策和执行均没有达到缩小收入差距的相应效果，最终得出旨在促进经济增长的财政政策反而会恶化收入分配，财政支出的提高与收入不公平呈正相关关系。Leah Boustan 和 Fernando Ferreira（2013）通过分析大量的历史经验数据得出，收入不公与美国的财政支出和收入的增加有密切关系，特别是用于市政和学区建设这种大规模服务项目的支出的增加。由于这些支出挤占了私人的资本，使市场在收入分配效应上的机制受到限制和破坏，收入分配得不到有效的调节，最终导致收入分配出现贫富两极分化的现象。

2. 财政支出有利于缩小收入差距

但大部分学者认为财政支出作为政府调节收入分配的重要手段，有利于缩小收入差距。布鲁金斯学会（1985）利用五等分法估算了各个阶层家庭的总收入、工资和薪金、财产收入和转移收入的分配比例，发现仅最底层 1/5 和第二个 1/5 家庭的转移收入的比例总和就超过了 50%。这说明转移性支付主要照顾了收入的最底层，体现了最底层和其他收入较高的层次之间收入再分配的公平。阿玛蒂亚·森（1998）认为，财政支出对于收入分配的影响十分有效，实现社会公平是政府不可推脱的责任；政府必须充分意识到财政支出对增收的重要性和积极性，充分发挥政府在收入分配特别是收入再分配中的作用，弥补市场不能全面照顾低收入群体的缺陷，把收入分配控制在一定的合理范围内。 Oliver Denk（2013）提出利用公共财政政策使经济均衡发展、收入合理分配，实现包容式发展，由于减少了管理上的复杂性和精准确定受益群体，社会转移在减少贫困和缩小收入差距方面更为有效。 Leonel Muinelo Gallo（2013）通过对21个高收入的经合组织国家的经验数据分析得出，最佳财政政策策略是减少非分配支出，因为这种财政策略能使GDP增长的同时也会降低收入的不公。

(四)税收政策调节收入差距的研究

在税收政策调节收入差距研究领域，关于减税与收入差距的关系研究成果丰富。 减税是许多国家在经济低迷期选择的主要税收政策工具。 现有国外相关研究主要包括三个方面:

1. 减税政策缩小收入差距的重要性研究

1929—1933年世界性经济大危机后，Keynes（1936）围绕“有效需求”，主张降低个人所得税的平均税率，实施累进所得税，以缓解收入差距过大带来的社会政治矛盾，同时可以刺激广大低收入者的消费需求。之后，Hansen（1947）、Samuelson（1948）均强调减税的主张,认为累进税可以缩小收入差距。 以Laffer为代表的供应学派认为高税率妨碍储蓄和投资以及工作努力，使劳动生产率下降，导致地下经济活动和逃税盛行；减税尤其是降低所得税税率可以有效解决上述问题。 其主张掀起了西方国家的减税浪潮，美国20世纪80年代的两次税制改革和布什时代的减税政策均以供给学派理论为理论依据。 Brewer等人（2005）对英国1999年前后的税收改革进行了研究，发现结构性税收调整对调节劳动力供给结构，进而影响居民收入有显著作用。 Rosnick和Baker（2011）发现美国的减税政策刺激了居民储蓄的增加和消费的增长，因而对收入调节有明显作用。

2. 税收政策调节收入差距的实证研究

这部分研究大多为实证研究与检验，主要包括所得税累进税率公平性的度量、间接税的再分配效果研究以及缩小收入差距的税收政策效果的比较分析三个方面。第一，在所得税累进税率公平性的度量研究方面，有Jakobsson（1976）对税收累进度度量进行了研究，以Friedman（1963）为代表的经济学家研究了负所得税缩小收入差距的可能性。Mirrlees和Vickrey（1971）提出的最适课税理论认为，对所得征税最好采用低累进税率制度，而且实行“倒U”形所得课税。这一观点成为所得税缩小收入差距的主要理论依据。Pechman（1972）研究发现，公司税对收入分配的影响很大程度上取决于对公司税税负归宿的假设，但不论假设公司税税负是由公司资本所有者承担还是由全体资本所有者承担，公司税的累进程度都显著高于个人所得税。但Pechman（1986）对美国家庭负担公司税情况的修正研究发现，若假设公司税一半由资本所得承担，一半由消费者承担，公司税则呈现累退性，尤其是在中低收入阶层具有明显的累退性。Harberger更是在1995年发现，在开放经济下，公司税的税收负担不仅全部转嫁给了劳动者，甚至可能达到公司税收入的2~2.5倍之多。因而，公司税必定呈现累退性。

第二，关于间接税的再分配效果研究相对不多，尤其是对发展中国家的研究较少，近年来有所增加。Sah（1983）对间接税归宿做了大量开创性的工作，并认为间接税的再分配职能十分有限。Ahmad和Stern（1991）利用边际分析方法比较了直接税与间接税的再分配效应，认为通过收入课税比通过谷物课税更能使收入增加，并且进口税是最具有吸引力的间接税形式。Jha（1998）明确承认了间接税的再分配性质。Gibson（1998）则讨论了增值税对消费者福利的影响。21世纪后，福利优势概念被引入间接税的归宿分析，Chen、Ma-tovu和Reinikka（2001）利用乌干达联合家庭调查的消费数据进行了间接税归宿的福利优势分析，他们发现，间接税是累进的，以增值税代替消费税不一定会降低穷人的福利。Sahn和Younger（2003）对福利优势理论给予了评价，他们指出了实证分析时应该注意的事项。Essama-Nssah（2008）分析了间接税归宿福利优势分析的集中曲线方法以及税收归宿的横向公平与纵向公平效应，研究了集中曲线方法的要求及假定条件。显然，国外的这些研究文献重视实证研究，但仍然没有计算出间接税累进（退）性的大小及其再分配效应的数量差异，也缺乏基础理论模型的研究。

第三，缩小收入差距的税收政策效果比较分析研究成果丰富。Sosnow（1974）的收入再分配最优政策比较了负所得税、补助和一般税收政策再分配效应的差异。比较全面分析财政政策对收入差距影响的有 Lambert（1985），他对个人所得税和福利各自对收入差距影响的差异以及政策组合的效应进行了研究。Creedy（1996）运用目标效率比较了税收与转移支付制度对贫困、收入不平等的影响差异。Verbist（2004）考察了欧盟 15 国直接税制，发现个人所得税是最重要的缩小收入差距的源泉。Felix（2007）提出公司税无法起到收入再分配的作用。Kakwani（1977）、Kim 和 Lambert（2009）对税收工具与转移支付两者的再分配功能进行了比较分析。

3. 收入分配差距对税收的反向影响

这部分研究突破了以往仅研究税收对收入分配的影响，一些学者开始反向研究收入分配差距对税收遵从度的影响。典型代表是 Bloomquist（2003）以美国 1947—2000 年的收入数据证明了收入不平等与逃税规模存在正相关关系，并将其原因概括为两个方面：一是从交易透明度来看，高收入者不易查实的资本性收入较之于中等收入阶层更高，而容易查实的收入比例较低；二是从税收遵从的机会成本来看，高、低收入者比中等收入者对税收有着更大的反感。因此，在收入差距日益扩大的社会环境下，政府减少逃税的措施将面临失效。

（五）转移性支出影响城乡收入差距的研究

Mila、Mcguire（2001）运用了西班牙 17 个接受中央政府转移支付地区的数据进行分析，通过对比这些地区在接受转移支付前后的经济发展水平，发现这些政策没有有效提高贫困地区的经济水平。Oliver Denk（2013）提出利用公共财政政策使经济发展和收入合理分配实现包容式发展，由于减少了管理上的复杂性和精准确定受益群体，社会转移在减少贫困和缩小收入差距方面更为有效。近几年有学者引入断点回归模型研究转移支付与城乡收入差距的经济关系：Imbens 和 Lemieux（2008）提出有效性检验标准；Imbens 和 Kalyanaraman（2012）提出了最优带宽计算方法（IK 法）；Meng（2013）对“8—7 扶贫”作了政策效果评价，以划入国贫县的收入标准为断点，通过断点回归估计，认为贫困县农民收入显著上升 38%； Keek 和 Titiunik（2014）验证了地理断点回归假设前提的合理性,并认为是该模型设计的特色之一等，从研究方法上进行了创新。

综上所述，可以发现国外经济学家在收入差距问题的研究上范围很广，其中对于收入差距的度量研究和收入差距缩小的财政制度效果研究非常深入，反映了收入差距和政府财政政策调节之间的规律，为各国政府制定财政政策提供了有力参考。

二、国内文献综述

国内学者在研究收入差距问题时，侧重于关注和分析城乡收入差距，这在一定程度反映了我国城乡收入差距问题比国外更为突出。 近年来国内学者关于财税政策工具和制度对城乡收入差距影响的研究层出不穷，对其做出了非常详尽的描述。

（一）城乡收入差距测量标准的研究

1. 对城乡居民的收入来源和定义进行了区分和界定

大多数学者均以城镇居民可支配收入和农村家庭纯收入为基础分别反映城镇和农村的平均收入水平，这主要得益于可以直接从统计局获取数据，计算较为简便。 但部分学者认为这种计算方法存在错误，不能真实反映城乡居民收入的实际差距。 陈宗胜（2000）认为，农民人均纯收入中未全面考虑土地的价值，没有将自有住房纳入评测体系中，加上收入较高的农民工由于人口流动性强、规模比重大等原因未能将全部收入算入农民人均纯收入中，导致农村的收入状况被低估，即城乡收入差距被人为高估了。 李实（2013）认为，由于城镇高收入群体刻意隐瞒自己的灰色财产和收入，因此城镇住户调查中高收入样本户往往不具备代表性和完整性，从而使城镇居民可支配收入的估计值和实际值存在较大偏差，不符合人们对城乡收入差距的普遍预期，即在未考虑农村家庭纯收入变化的前提下，城乡收入差距被人为低估了。 刘穷志、罗秦（2015）扩大了城乡居民收入统计口径，对灰色收入进行了界定并进行详细分析。 定义工资收入为城镇居民的职业收入，经营收入和财产收入为城镇居民的含隐性收入的收入，定义家庭经营收入为农村居民的职业收入，工资收入和财产性收入为农村居民的含隐性收入的收入。（采用空间价格差异处理技术对城乡价格水平差异进行了调整。）

2. 对城乡居民收入差距的测量方法进行了比较分析

许多国内学者研究测算了全国城乡收入差距。绝大部分学者将城乡收入比作为衡量城乡收入差距的主要指标，主要理由在于数据来源和计算公式简单，便于人们直观地接受。但是城乡收入比计算结果较粗糙，不适合进行更具体、更深层次的分析和研究，一些学者已开始寻求其他更精确的测量方法代替城乡收入比。李实等（1998）通过对个人可支配收入与国家统计局使用的人均收入这两者的主要不同之处的比较分析，对反映我国 1995 年城镇和农村居民收入差距的基尼系数进行了新的估算，认为城乡之间的收入差距呈不同的变动轨迹。李实和罗楚亮（2007、2011）对城乡收入差距进行了全面测算和实证分析，结果表明城镇居民所获得的各类隐性补贴远远高于农民居民，城乡收入差距比现有值更大。陈宗胜（2002）提出采用城乡加权法计算城乡混合基尼系数；李实对此方法提出了质疑，双方争论的焦点在计算的互相作用项上。胡祖光（2004）据中国统计年鉴中城镇居民收入分配五分法统计资料和农村居民的收入分层资料，推导出在数据不完全时测算城乡合一基尼系数简化方法，即基尼系数近似地等于五分法中收入最高的那组人的收入百分比与收入最低的那组人的收入百分比之差。李军、孙丹萍（2005）按五等分法将城镇和农村各自平均按 20% 人口的比例分别划分为 5 个不同的收入组，分别为低收入户、中等偏下收入户、中等收入户、中等偏上收入户和高收入户。这种方法不仅直观反映了城镇或农村在各个不同收入段的差异，更直观和全面地反映了城乡在相同组别中所占有的收入份额的差异。侯玲（2011）运用基尼系数分别描述了我国城镇和农村居民收入的基尼系数，指出基尼系数不断上升的趋势。基尼系数由统计局直接公布结果，更具权威性。罗亦鹏（2012）利用泰尔指数将差距分解为全国城乡差距和省间城乡差距，直观说明了组间、组内的泰尔指数对总体泰尔指数的贡献份额，不仅反映了城乡收入的总体差距，还全面说明了城乡各自本身的收入差距的构成比例。温桂荣（2014）系统研究了泰尔指数的优缺点，并将其与其他测度方法进行了比较分析，实际测度了我国1978—2014年全国、中部地区以及湖南省的泰尔指数，科学描述了我国总体和地区城乡收入差距变化轨迹。刘穷志、罗秦（2015）设计了隐性收入估计方法和收入分布函数优劣判别方法，采用官方公布的分组数据估算中国城乡隐性收入，发现中国城乡家庭隐性收入规模一般在20%左右，城镇高收入户隐性收入最高，隐性收入规模达到了70%以上。中国城镇居民家庭的收入差距大于农村居民家庭的收入差距，两者均呈现逐年扩大的趋势。目前全国居民家庭基尼系数超过了0.5。考虑灰色收入的城乡收入差距仍旧是逐年扩大的。

因此，考虑到不同统计口径的差异，我国城乡居民收入差距实际上要比国家统计局公布的大些。要正确认识中国居民收入不平等程度，关注高收入者的收入膨胀，利用有效方法揭示高收入者的灰色收入规模，坚决打击非法所得，抑制城乡收入差距过快扩大的趋势。

3. 对城乡收入差距进行分解研究

对城乡收入差距分解的研究主要采用基尼系数和泰尔指数分解法。国内最早对居民收入差距进行分解的是陈宗胜，他两次测算城乡收入差距对中国总收入差距的影响程度，总收入差距中城乡收入差距解释的贡献度提高了13%。林毅夫等的研究结果均表明城乡收入差距在总体收入差距分解中的贡献度超过50%。李实等从对修正样本结构偏差尝试的角度对我国城乡收入差距重新做了测算，并提出城乡收入差距是收入分配的最大不公。李齐云、迟诚（2015）运用基尼系数及其分解方法，对我国城乡收入差距进行总体分解研究。研究发现，东、中、西部不同地区不同收入来源对城乡收入差距的影响不同，其中工资性收入对城乡收入差距的贡献最大，其次是转移性收入；家庭经营净收入作为农村居民主要收入来源，对城乡收入差距的作用起到明显的缩小作用，并且这种缩小作用正在进一步扩大；财产性收入也表现出一定的缩小收入差距的趋势。

（二）结构性减税政策调节收入差距的研究

2016年5月1日起，我国全面实施营改增，启动了全面减税元年。贾康（2010）、刘尚希（2010）、高培勇（2009）、陈卫东（2008）、孙玉栋（2008）、闫坤（2010）、蔡跃洲（2010）等从财政政策、税收政策等角度对居民收入差距缩小进行了深入研究，其中关于我国结构性减税政策与收入差距的关系研究成果丰富多样，具有较强的借鉴作用。

减税政策一般不只是单纯减少税收，我国一般称之为“结构性减税”，即根据经济发展的需求，实施有增有减的税收结构性调整政策。国内对结构性减税的研究基本始于2002年，2009年以来研究成果迅速增加。而对中国转型期居民收入差距的研究最初始于世界银行（1985）的一些粗略估算,国内学者基本从20世纪80年代后期才开始研究,当时以陈宗胜和赵人伟为代表,采用实证分析的方法对公有经济发展中的收入差距变动规律进行了较为系统的研究。近年来研究者众多。至于把二者结合起来，从结构性减税角度研究我国城乡收入差距问题的相对较少，目前成果大多从税收调节居民收入的角度进行政策性的研究。纵观近年来围绕收入分配的结构性减税政策研究，主要涉及以下几个方面：

1. **结构性减税的理论分析和实施效果**

（1）结构性减税的理论分析。国内对结构性减税较早进行理论分析的是刘溶沧。刘溶沧（2002）提出要“正确把握减税的内涵”。他指出，20世纪80年代以来世界税制改革迎来了减税浪潮，中国在保持国家税收总量随经济发展而增长的基础上，进行有增有减、有进有退的税制结构与税收政策调整。同时指出，我国的结构性减税是一个渐进的过程。安体富等（2004）界定了结构性减税内涵，提出结构性减税优化了我国经济结构，统一城乡税制则是逐步缩小城乡收入差距、体现社会主义公平与正义的有利举措。孙智勇等（2010）对结构性减税的实质性定义进行了探讨，认为结构性减税实为特殊时期的特殊之举，其实质是一种“有增有减，结构性调整”的税制改革方案，意在从量上削减税负水平，落脚点最终是减轻企业和个人的税收负担。路春城等（2010）从包容性视角赋予了结构性减税新的含义——是对穷人友善的增长。祝遵宏等（2011）认为结构性减税的“税”应取大口径的税收负担，加快实施大口径税负的结构性减税改革，并将其目标定位为“成为第十六届三中全会以来税制改革的总体定位”，同时提出扩大消费税征税范围、改革个税、开征社保税等举措，可以有效抑制城乡收入差距。贾康（2011）将结构性减税提升到整个税制改革的高度，认为结构性减税是税制改革的三个基本概念之一，整个十二五期间结构性减税最大的动作就是增值税扩围，鼓励第三产业发展和专业化细分，配合扩大内需、提振消费，达到产业升级的总体目标。

进入2009年后危机时代以后，许多学者扩大了结构性减税理论研究范围，将其拓展至具体对策研究。李心源（2009）重新界定了结构性减税，比较了中美面对金融危机采取的减税政策工具，提出我国的结构性减税政策不仅仅是应对危机的短期政策，结构性减税本身也是长期税制优化的重要组成部分，并建议提高烟酒和燃油消费税，加大个人征管，培育中产阶层，以适当降低收入差距。李波（2009）认为我国已经进入结构性减税时代，需要降低宏观税收负担水平、纳税人相对税负水平、名义税率等，调节收入分配不公，并从增值税等9个具体税种的角度详细分析了通过重构我国现行税制实现结构性减税。其中提到消费税由有限型过渡到中间型，收入比重力求增加到占流转税收入的20%左右，个税建议实行5%～35%的五档累进税率等，可以有效缩小收入差距。岳树民等（2011）认为结构性减税融于税制改革之中，使税收政策具有连续性、稳定性和长效性，分功能、分税种详细分析了结构性减税与税制改革的思路，重点突出了个税调整努力减轻中等收入者负担，同时通过消费税扩围强调其调控功能。

（2）结构性减税的实施效果。国内大部分学者对结构性减税效果进行了定性分析。白景明（2009）提出要“全面认识结构性减税成效”，对2009年实施了半年的结构性减税效果进行了评析，认为结构性减税让利企业和个人，刺激了投资和消费；优化了税制；有效配合了其他经济刺激措施作用的发挥，如放大了支出扩张效应和财政补贴效应。闫坤和于树一（2011）对2009—2010年结构性减税的具体实施情况列表分析，认为近两年我国结构性减税总量和结构调节的意图明显。总量调节突出的是减税，强调的是更深层面地减轻纳税人税收负担；结构调节表现的是减税之中有增税，如2008年推出的10个减税项目，共减轻企业和居民负担约2 800亿元；2009年推出的9个减税项目，共减轻企业和居民负担约5 500亿元，结构性减税效果明显。

相对于定性分析，实证研究成果相对较少。孙智勇和刘星（2010）应用关联规则数据挖掘方法模型对税收收入数据予以分析，选择总税收收入增长率等6个数据，将结构性减税政策出台前后的实证结果进行对比，以1994—2007年的样本数据作为一个时间段考虑，2008—2009年的样本数据则作为另一个时间段考虑，最后认为结构性减税贯穿于企业生产领域和百姓消费领域，促进了经济增长和结构调整，尤其是国家出台的对企业和个人取得的2009年发行的地方政府债券利息所得实施免征企业所得税和个人所得税，同时暂停征收储蓄存款利息个人所得税的规定，减少了税收150亿元，直接增加了居民的可支配收入，也支撑了以上实证结果。王志杨（2012）运用均衡商业周期模型分析发现，消费型税种通过降低税率减税可以增加家庭的消费量、劳动的数量、生产中使用的资本存量数量，从而促进经济总量的提高。同时根据模型分析结果提出我国消费型税种的减税措施。娄洪等（2012）通过构建经济增长模型,分析了增值税转型对税收收入总量的长期动态影响机制，定量分析了增值税政策对增值税、消费税等税收收入的短期及长期的影响效果。

2. 结构性减税对我国收入差距的影响

（1）税收政策对城乡收入差距的调节作用及对策分析。这部分研究成果丰富，研究角度多样，包括税收政策整体调节作用分析以及分税类调节效果研究。安体富等（2008）强调税收在三次分配中的作用。李波（2010）分析了结构性减税对产业结构调整的影响，提出农业产业实际税负高、对农民专业合作社组织尚无专门的税收优惠，影响了农民增收，应该实行轻税涵养政策。李实（2012）提出我国城乡之间的差距非常突出，包括绝对差距、相对差距和城乡收入差距在全国收入差距中所占比重均如此，并指出主要原因是传统的重工轻农和重城轻乡发展战略以及税收累退性扩大了收入差距。首都社会经济发展研究所课题组（2011）提出，提升中低收入人群就业能力；大力发展县城和小城镇经济，积极推动财力下沉，造就有中国特色的农民中产阶层，实现城乡居民收入同步增长；积极发挥慈善事业等的第三次调节作用，对慈善捐助实行免税待遇，鼓励通过慈善事业的分配缩小城乡收入差距。刘尚希提出（2011、

2012）调节收入分配、缩小收入差距是政府提供公共服务的一个重要方面，要完善税收的收入功能，兼顾调节功能，对收入、消费及财产均要调节，促进公平。罗能生等（2015）利用省级面板数据，通过空间计量模型，研究了税收安排对城乡收入差距的影响。结果表明，中国城乡收入差距基本呈现出“东部沿海地区最低，中部较低，西部最高”的空间分布格局；宏观税负、个人所得税以及消费税的增加扩大了城乡收入差距，房产税的增加缩小了城乡收入差距；而经济发展水平、财政支出、通货膨胀、城市化率、基础设施建设和教育程度都从不同方面影响着城乡收入差距。

杨森平等（2011）从间接税视角提出了调节城乡收入差距的税收政策建议。刘穷志（2011）构建了间接税归宿的累退性与居民收入不平等关联的理论模型，该模型表明，间接税累退程度越高，居民收入越不平等。研究发现，中国间接税具有累退性，并且增值税和消费税的累退性较强，营业税累退性稍弱，它们不同程度地加剧了居民收入不平等。同时提出，国家需要充分重视间接税的收入再分配功能，对增值税、消费税和营业税的税率结构进行调整，抑制收入不平等的扩大。

对于所得税的收入公平调节作用，近年研究逐年增多。郭庆祥、吕冰洋（2011）构建了引入资本所得税、劳动所得税、消费税和收入税的税收模型，并且采用了 Xie（1997）对家庭的效用函数设定方法，发现我国企业所得税以对资本征税为主，能降低资本分配份额；企业所得税税率每提高 1 个百分点，导致资本分配份额下降 0. 512 ~ 0. 579 个百分点，能有效地发挥收入分配作用。万莹和田志伟等也得出了类似的结论。万莹（2013）根据企业所得税最终税负归宿的不同来分析企业所得税是否具有累进性。万莹借鉴税收累进性指数——Suits 指数的计算原理得出结论：企业所得税累进性的判断与企业所得税税负归宿的假设密切相关，若税负全部由社会资本承担，企业所得税呈现微弱的累退性，若税负仅由公司资本承担，则呈现一定的累进性；由于资本要素大部分为高收入者所持有，企业所得税对居民分配的影响是累进的、积极的。田志伟、胡怡建和朱王林（2014）以 2002—2011 年城镇居民的税前、税后可支配收入为研究数据，分析发现我国企业所得税平均税率与我国城镇居民的收入水平大体上均呈上升趋势。研究结果表明，企业所得税均有利于提高中等收入阶层收入占国民总收入的比重，有利于降低高收入阶层收入占国民收入的比重，但不利于低收入阶层收入占国民收入的比重。同时，作者测算了企业所得税对基尼系数的影响，指出我国企业所得税在2006年以前对城镇居民收入分配具有逆向调节作用，但呈逐渐减少的趋势；而在2006年以后，我国企业所得税对城镇居民收入分配成正向调节作用，且作用逐渐加大。

（2）从个人所得税增减的角度分析其对收入差距的调节作用，肯定累进性的个人所得税缩小了收入差距。刘小川、汪冲（2008）使用Kakwani累进性指数对我国个税的公平功能进行了实证检验，认为地区间工薪所得的个人所得税税负累进性已达到发达国家水平，而财产性所得和经营性所得的个人所得税地区税负差异问题较严重，公平性存在较多缺失。综合所得税制比分类所得税制在缩小收入差距方面的作用更大，建议我国个税逐步改为综合所得税制。丛树海（2010）提出适度降低个人所得税负担和适时开征财产税，逐步缩小收入分配差距，降低基尼系数。个税实行综合课征制度后将以家庭收支为单位进行抵扣。万莹（2011）实证分析了个税1997—2002年的累进性对收入公平分配的影响，认为我国个人所得税对收入分配的总体影响是积极的、正面的，但调节力度较为有限。鉴于个人所得税的法定和实际累进水平均已达到发达国家水平，个人所得税的平均税率过低才是制约我国个人所得税收入调节功能发挥的最主要障碍。万莹提出加强个人所得税收入调节功能的关键，是在坚持综合课税改革方向的基础上，通过建立第三方信息报告制度等措施，完善税收征管，不断拓宽个人所得税的课税面，提高其占个人总收入的比重。

部分学者认为个人所得税对缩小收入差距的调节作用有限，即使有也仅能调节城镇居民收入差距。张世伟和万相昱（2008）采用微观模拟模型，发现目前个人所得税制度的实施没有起到明显降低城镇居民收入差距的效果。王志刚（2008）采用基于波动性的累进度指数，利用宏观数据计算税制的累进性，认为我国个人所得税制累进性较弱。陈锦文（2010）认为，虽然个人所得税可适度调节个人收入分配的差距，但目前个人所得税在征管方面漏洞很大，尤其是对于高收入行业和高收入者而言。富人大量逃税，使得个人所得税的调节作用失效，导致了“逆向调节”的后果，收入差距由此进一步拉大。郑春荣（2012）对我国工薪阶层实行结构性减税提出了具体建议。

3. 结构性减税未来的发展趋势

大部分学者主张结构性减税是一种税制改革和优化的长期性政策（主要是学院派），少部分学者认为是相机抉择的短期政策（主要是官方学派）。此处讨论主张结构性减税应该成为税制改革的长期性制度和政策情况。首先，主张将公平原则放在优先位置。安体富（2010）认为优化税制结构的指导原则，更应该把公平原则放在十分重要的位置，实行公平优先、兼顾效率的原则，并从税制结构角度进行了国际比较，提出了完善税收体系的具体措施，重点突出个税改革与收入差距调节问题。庞凤喜（2010）认为税收社会观是一个收入分配问题，关系到中央与地方，以及地方各级政府之间的财政利益分配格局。伴随着居民收入差距的迅速拉大，收入分配的社会公平问题，已日益成为全社会普遍关注的最为重要的议题。因此，在当前的国际国内环境下，税收作为政府掌握的调节收入分配的重要手段，应固守公平优先的原则，在国民收入初次分配、再分配及第三次分配中都应该积极发挥重要的调控作用。

其次，结合国内外形势和经验，对我国未来结构性减税政策进行了预测。中国国际税收研究会课题组（2009）对各国减税政策及经验分类分国详细分析，认为个税调整可提高收入水平和消费能力。高培勇（2010）以实行综合与分类相结合的个人所得税制和开征物业税并结束财产保有层面的无税状态为突破口，构建中国的直接税体系，将物业税功能定位于调节收入分配和拉近贫富差距的手段。于树一（2012）提出长期推进结构性减税的优势在于“调结构”，以各个税种为落脚点，提出了比较系统的结构性减税的具体内容。

最后，主张实行相机抉择的税收政策取向。贾康、张学诞等（2009）提出结构性减税具有“双面性”，应该相机选择；从具体税种和专项减税政策角度分析了减税效果，提出有增有减的税收政策；认为民生税收政策可以适度增加农民收入和低收入群体收入。倪红日（2011）主张实行稳定比重的税收政策取向，税收增长率控制在10% ~15%，税收占GDP比重为18% ~20%（不包括费改税带来的比重提高）；指出直接税和间接税比例逐步调整会有利于对收入差距的调节。张念明（2012）认为后金融危机时代，应坚持结构性减税与税制优化相结合。庞凤喜等（2013）对目前结构性减税的操作路径进行了比较详细的解析。

4. 评述：结构性减税对城乡收入差距影响的比较与展望

（1）中外研究的主要比较。综上所述，可以发现国内外经济学家在减税的研究上涉猎很广，尤其是国外经济学家对于减税的理论和调节收入差距的研究比较深入，反映了结构性减税和收入公平分配之间的密切经济关系，为后续研究提供了有益的借鉴。但系统梳理国内外研究成果，可以发现存在以下显著区别：

第一，研究成果深度存在明显差异。国内定性研究成果丰富。2002年以前，结构性减税的界定相对简单。2009年以后，学者们开始结合金融危机的背景进行大量探讨，内涵界定逐渐丰富并多元化，政策分析也开始多样化和逐步系统化，但主要成果停留在政策层面，实证研究成果较少。

第二，研究方法先进性差异明显。国内现有实证分析较少，仅有的分析也基本集中在税收对整个收入分配的宏观层面分析，很少有专门针对结构性减税政策实施前后对收入差距影响的分析，而国外的实证分析既包括整个税收制度的研究，也涉及许多具体税种的实证分析。在数据采集上，国外研究税收调节收入差距的实证分析多采用发达国家数据而少用发展中国家数据，采用我国实证数据构建计量模型专门度量对城乡收入差距的影响大小比较缺乏。

第三，分析对象细致程度有差异。国内研究大多集中在居民收入差距或地区收入差距上，把结构性减税和城乡收入差距结合起来进行前后比较和深度分析的比较少，研究细致程度也有待于提高。

（2）我国未来研究的基本展望。基于官方统计数据的相对滞后和基础数据的缺乏，实证调研就显得尤为重要。在对我国典型城乡收入数据进行实地调研的基础上，和官方统计数据进行科学比对研究，具体测度我国近年来结构性减税对城乡收入差距影响的广度和深度等，明确要达到缩小城乡收入差距的分阶段具体目标，我国税制结构优化和调整应选择的长期政策路径选择。未来研究的主要方向可以考虑以下几个方面：

第一，结构性减税影响城乡收入差距的效用度量。拟采用1998—2015年我国减税总量、税种分布、城乡基尼系数、城乡收入比率等指标，选择城乡收入差距为实证分析的因变量，流转税（增值税、消费税）、所得税（个人所得税、企业所得税）、财产税（房产税）、资源税等增减前后变化数据等为自变量，对各自变量数据进行平稳性检验，然后进行协整检验和结果分析，分别研究其在不同分配环节对城乡居民收入分配的影响大小，总结其对城乡收入差距变动的叠加影响，明确其调节力度，据此总结出有效调节的税种。

第二，结构性减税对城乡收入差距影响的变迁规律研究。系统分析其变迁规律，比较国际及国内发达地区的变迁经验，探讨流转税、所得税、财产税、资源税等主要税种在初次分配、再分配和第三次分配环节中对城乡收入差距的影响大小和演变规律。

第三，不同分配环节缩小城乡收入差距的结构性减税政策选择。结合我国税制改革和优化的长远目标，拟寻求适合不同分配环节的有效缩小我国城乡收入差距的结构性减税政策体系。

（三）财政支出政策对城乡收入差距影响的研究

相比国外研究而言，国内的收入分配研究更多地具体研究城乡、地区之间的差距，这也从侧面突出反映了我国城乡之间收入差距过大的国情。国内研究基本形成了三种观点。

1. 财政支出规模对城乡收入差距影响不显著

金双华（2011）将财政支出分为财政福利性支出与非福利性支出两部分，经过统计分析得出结论：本应是缩小收入差距的财政支出、福利支出起到的缩小收入差距的作用十分有限，甚至是地区收入差距扩大的原因之一。葛成（2013）基于时间序列数据，使用向量自回归模型（VAR）分析财政支出、基尼系数和城乡收入比的动态关系，得出公共财政支出相对规模的扩张对缩小城乡居民收入差距发挥了正面效应，但其效果并不显著。

2. 财政支出结构对城乡收入差距的影响大小不一，不同支出项目影响方向不同

沈坤荣和张璟（2007）实证研究后指出，由于农业科研和社会福利等财政支出比例过低，使得政府公共支出在降低城乡收入差距上的作用不甚明显。刘成奎和王朝才（2008）实证研究后指出，文教科卫支出缩小城乡居民人均收入差距作用最大，国防支出、行政管理支出则加剧了城乡居民收入差距。王艺明和蔡翔（2010）基于我国东、中、西部三大地区的面板数据，用城乡收入比作为被解释变量，得出财政支出结构对城乡间收入差距有显著的影响，而且其影响在三大区域也存在差异性的结论。陈安平和杜金沛（2010）运用动态面板数据和系统广义矩估计方法研究表明，只有倾向于财政农业支出和科教文卫支出增加的财政支出结构才能有效缩小城乡收入差距。邓旋（2011）基于省级面板数据，利用城乡收入比，实证考察了财政支出规模、结构对城乡收入差距的影响，结果表明财政支出显著扩大了城乡收入差距，而财政支出结构中的农林水务支出能缩小城乡收入的相对差距，公共安全支出和社会保障支出却由于受益范围只限于城市，不利于城乡收入差距的缩小。王晨（2012）认为，由于财政支农支出比重过低、结构不合理，财政支农支出在缩小城乡收入差距方面的效果不是特别显著；社会文教支出和社会保障支出的城乡分割状况使得其加剧了城乡收入差距的不公平程度，并没有对缩小城乡收入差距有任何的积极作用；行政管理支出的受益者大部分是城镇居民，且受益人数规模占总体人口比例很小，而正是这一小部分人占据了大部分人的收入红利，因此行政管理支出与城乡收入差距正相关。傅韵洁、陈潇和蔡晓春（2013）基于我国29个省各年的面板数据，利用分位数回归模型，以城乡收入比作为被解释变量，以基本建设支出、农业支出、科教文卫支出、行政管理支出和社会保障支出分别占财政支出的比重为解释变量，并且引入进出口、城市化水平和商品零售价格指数作为控制变量，最后得出在高分位水平和低分位水平下各项财政支出对缩小城乡收入差距具有明显的差异。

3. 对重点财政支出项目进行单项研究

余菊（2015）对我国政府民生支出与城乡收入差距之间的动态关系进行实证分析，研究结果为，投资性民生支出对城乡收入差距的影响明显大于转移性民生支出对城乡收入差距的影响，政府民生支出对城镇居民人均可支配收入的影响大于其对农民人均收入的影响。吕炜等（2015）通过对盖勒和斯利亚的理论模型进行扩展，将城乡二元结构和政府行为引入跨期模型，揭示了城乡教育不平等和城乡收入差距可以通过政府实施农村偏向的教育投入政策予以改善的内在机理。实证研究结果表明：城乡教育不平等将会加剧城乡收入差距，城乡收入差距也会促使城乡教育不平等的程度进一步加大；缩小城乡初中教育经费的差距可以有效地降低城乡教育不平等和城乡收入差距，而缩小城乡小学或高中教育经费的差距对降低城乡教育不平等和缩小城乡收入差距并无显著作用。刘晓光等（2015）重点研究了基础设施对城乡收入差距的影响，提出基础设施对农村居民收入的提升作用更为显著，总体上可以缩小城乡收入差距。

4. 城镇化对城乡收入差距的影响

近几年有许多学者研究了城镇化对城乡收入差距的影响。李金凤（2015）提出城镇化与城乡收入差距之间形成正反馈机制。我国城镇化水平与城乡基尼系数呈反方向关系，表明城镇化可缩小城乡收入差距，但由于政策、劳动生产率等因素的影响，城乡收入差距在城镇化过程中总体表现为扩大趋势。扩大的收入差距通过半城镇化、内需、就业率等因素的传导作用，使得城镇化速度下降，从而使得城乡收入差距进一步扩大，二者之间形成了正反馈机制。洪丽等（2015）利用省际面板数据，研究发现城镇化的推进使中国城乡收入差距呈现先扩大后缩小的“倒 U”形规律，拐点出现在城镇化率为 46.07% 的时候（大约 2009 年）。钱淑芳（2015）构建 VAR 模型，利用 Johansen 协整检验与脉冲响应函数进行分析，认为城市化对城乡收入差距、城市化对经济增长均呈正向影响关系。杨森平等（2015）依据泰尔指数定义建立城乡收入差距与城镇化率关系的理论模型，发现两者之间存在“倒 U”形关系，利用效用最大化理论对“倒 U”形结论进行具体分析；根据我国 1995—2012 年的时间序列数据与各省面板数据计算得出泰尔指数与城镇化率值后进行实证分析，得出的实证结果与理论分析结论一致，说明走新型城镇化发展道路是缩小我国城乡收入差距的必然选择。

从以上研究可以看出，国内学者基本认同财政支出规模和结构对城乡收入差距具有重要影响。但从研究方法来看，国内大多数学者使用城乡收入比或基尼系数的方法来衡量城乡收入差距，采用多变量回归分析等方法，加上财政支出结构的分类莫衷一是，导致计算的财政支出对城乡收入差距的影响程度也不尽相同。

(四)转移支付制度与城乡收入差距研究

在财政分权背景下，一般由中央政府运用转移支付对收入再分配进行调节以及有效处理地方政府之间的竞争问题。中央明确提出加大对西部地区的转移支付力度，专项资金补助、民族地区补助、农村税费改革补助、乡镇财政困难补助等转移支付着重向西部地区倾斜，力求更直接地达到区域发展与居民收入差距收敛的效果。国内学者对此的研究主要概括为以下两个方面：

1. 转移支付缩小了居民收入差距或地方财力差距

赵颖（2012）指出，就转移支付对县域内部收入各层级间的边际影响而言，收入在70%分位数以下的县在接受转移支付过程中，整体收入状况得到了一定的改善。殷金朋等（2015）从农民收入来源对城乡收入差距影响的角度进行了实证分析，研究结果发现，转移性收入构成了城乡收入差距变动的最主要因素，表明农村与城镇间的福利差距已严重影响了农民收入的增加；工资性收入对城乡收入差距的扩大作用最为显著；家庭经营收入和财产性收入的增加均起到了缩小城乡收入差距的作用。此外，城乡收入差距的扩大最不利于农民转移性收入的增长。

2. 转移支付扩大了居民收入差距或地方财力差距

寇铁军（2004）对我国财政转移支出调节收入分配差距的情况进行研究，认为财政转移支出政策和其规模的不断扩大成为影响居民收入分配差距不断增大的一个重要因素，因此，政府应该及时研究财政转移支出政策和其他管理方式的缺陷和不足，探索完善财政支出制度，促进收入差距缩小的制度和策略。张明喜（2006）分析了地区经济收敛与转移支付的关系，提出转移支出并未促进区域差距的缩小，分区显示的转移支出只对东部地区的收入差距起到收敛作用。江庆等（2010）运用基尼系数和泰尔指数分解法对安徽省61个县级财政差距进行地区和收入来源分解，发现安徽省县域财政差距呈现扩大趋势，区间差距对总体不平等差距的贡献率呈扩大趋势，转移支付项目中的专项转移支付、原体制补助税收返还是造成县级财力差异的主要原因，一般性转移支付没有起到均衡县与县之间财力差距的作用。卢洪友、陈思霞（2012）利用边际收益分析法进行分析，发现贫困地区从一般性转移支付补助中得到的边际受益更大，专项转移支付的边际受益分配则存在公平分配失效的可能性。刘穷志等（2014）在中间人投票模型的基础上构建了再分配理论模型，模型研究结果显示，现实转移支付制度违背了公平原则，富裕家庭拥有的资本财富越多，获得的转移支付越多，收入不平等越严重。雷根强等（2015）引入断点回归模型（RD），以中西部地理分界线的距离为RD函数的执行变量，分析了转移支付对城乡收入差距的影响，发现中央对西部地区的转移支付高于中部地区，然而西部地区居民城乡收入差距却没有因此得到缓解，反而扩大了20%。转移支付对城乡收入差距呈现扩大效应，该结果在不同带宽以及在距离或经纬度作为断点回归执行变量的情况下均具有稳健性。机制分析发现，城镇居民收入从转移支付中受益的程度高于农村居民。

3. **评述**

综合前面所阐述的国内外学者的研究，我们发现，国外学者对财政转移支出的研究虽然起步比我国早很多，但我国的研究有其特殊性。针对转移支付制度对我国城乡收入差距的影响研究，国内已有成果无论是在理论分析上还是在研究方法上都存在提升和改进的空间。首先，对政府转移支付制度的实证研究仅停留在静态的分析，因而会在相当程度上降低其对现实情况的理论解释能力；其次，大部分研究都只涉及少数年份，对于政府转移支付财政均等化效应长期连续时间序列方面的研究较少，在科学性论证方面有待加强；最后，国内文献的研究大多是对现状的直观论述，并没有从均等化转移支付的制度设计方面进行研究。以上几点说明，在已有成果的基础上做进一步探索是具有理论价值的。

评述小结：国内相关研究大部分集中在全国居民收入分配问题上，研究方法基本以定性分析为主，鲜有运用理论和实证模型专门度量财政制度缩小城乡收入差距的效果大小。本书选择全国东、中、西部地区的大约30对典型城乡收入差距面板数据，经过科学筛选和比对，运用自回归、向量误差修正模型（VECM）、协整检验等工具专门探究财政制度和政策工具对缩小城乡收入差距的有效影响，寻求“十三五”时期政府财政宏观调控缩小城乡收入差距的具体措施，研究针对性和操作性强，凸显了较大的研究空间。

第三节　框架与结构安排

一、研究方法

专著采取实证分析法、规范研究法和典型案例分析法相结合。实证分析方法是本书主要的研究方法。国内学者对于城乡收入差距的研究大部分是分析比较及定性进行说明，提出一些政策性的建议，真正使用定量分析的相当少。笔者在继承前人成果的基础上将利用多元分析、计量经济等统计方法和博弈论从以下几个方面进行研究工作：

（1）利用显著性检验方法和因子分析法等多元分析的方法并结合典型调研数据来确定影响城乡收入差距的财政工具相关指标，确立财政制度和政策工具影响城乡收入差距的分析标准。

（2）结合计量经济学对指标如影响系数等进行单位根检验，然后建立适当的计量模型，如自回归、向量误差修正模型（VECM）、协整检验、Granger 因果检验、面板数据模型等。

（3）通过相关理论建立数学模型，并用模型对各影响因素进行预测。

（4）选择制定政策的全国、中部和湖南省政府部门作为重点研究对象，来探索财政制度和政策工具缩小城乡收入差距的效果和存在问题，针对不同对象提出可行性建议。

规范研究法主要应用于财政制度的理论分析和经验研究，其中财政制度基本机制和相关政策建议都是通过逻辑推理等规范方法来进行的。典型案例分析法主要用于在东、中、西部地区各选择一部分典型城乡收入差距数据进行样本研究，寻求有针对性的政策建议。

二、研究思路和结构安排

（一）研究思路

本书遵循实证分析与理论分析内在逻辑一致的研究思路。基本思路为：财政制度和政策工具对城乡收入差距影响的机理研究→通过计量模型如自回归、向量误差修正模型、协整检验、Granger 因果检验、面板数据模型等实证方法对各影响因素进行预测，度量全国、中部和湖南省三个维度的财政制度和政策工具缩小城乡收入差距的效用大小→总结财政制度和政策工具变迁规律和经验→寻求不同经济发展阶段有效的财政制度安排和政策工具建议。

（二）结构安排

第一部分为绪论，从选题的研究意义、文献综述和结构安排等方面对全书研究意义和整体安排进行了详细分析，重点梳理了国内外关于城乡收入差距和财政制度与政策工具的研究成果，并对各类研究成果进行了客观评述，为全书展开工作提供了大量有借鉴价值的研究经验。

第二部分重点研究了财政制度和政策工具影响城乡收入差距的机理，从经济学基础理论和财政学基础理论的角度对二者的经济关系进行了比较分析，探索了二者之间的经济影响和相互关系，为实证研究提供了理论基础和理论依据。

第三部分实证考察分析了我国改革开放以来城乡收入差距的发展演变规律，采用泰尔指数对全国、中部和湖南省城乡收入差距进行了科学、系统的测算，深度剖析了我国城乡收入差距的整体变化规律和地区变化特征，为全书的实证检验提供了坚实的实践基础。

第四、第五和第六部分为全书实证检验的研究重点，分别从财政支出制度和政策工具、财政教育支出制度和政策工具、税收制度和政策工具影响城乡收入差距效果研究三个维度进行计量分析，选择全国、中部地区和湖南省三个城乡收入差距研究空间，对财政政策类型和城乡收入差距范围分别构建总量和结构模型，系统进行计量检验，并对结论进行比较分析，为政策建议的提出提供了翔实的数理支撑。

第七部分为缩小城乡收入差距的有效财政制度和政策工具安排。根据实证结论，分别从财政支出制度和政策工具、财政教育支出制度和政策工具以及税收制度与政策工具三个维度，提出了详细具体的缩小全国、中部和湖南省的有效政策工具安排建议，具有很强的决策参考价值。

（三）主要目标与内容

1. 研究目标

本书试图在实证研究的基础上，建立财政制度和政策工具对城乡收入差距有效影响的系统测度指标，并强调必须考虑整个经济循环过程的公平，尤其是起点公平对城乡收入差距的影响程度。同时明确在“十三五”期间要达到缩小城乡收入差距的阶段目标，并提出实现不同阶段目标的具体财政制度安排和政策工具选择。

2. 研究内容

（1）城乡收入差距的测度与变化趋势研究。拟采用1978—2015年城乡收入差距与居民总体收入差距基尼系数（根据世界银行收入不平等数据库Wiid及社科院公布的部分数据整理）、城乡收入比率、城乡收入差距对居民总收入差距的贡献率、城乡居民收入差距来源分解、城乡居民支出差距来源分解等指标来分析城乡收入差距的严重影响，并尝试预测未来不同经济发展阶段城乡收入差距发展的趋势。这是本书的研究基础。

（2）缩小城乡收入差距的财政制度和政策工具效用度量。拟选择城乡收入差距为实证分析的因变量，主要财政支出工具（教育支出、社会保障支出等）和收入工具（财产税、个人所得税等）为自变量，对各自变量数据作平稳性检验，然后进行协整检验和结果分析。重点研究其在要素资源配置、初次分配及再分配等环节对城乡收入差距变动的影响，分析其对城乡收入差距调节力度的大小，据此总结出有效调节和逆向调节的具体财政制度和政策工具，建立有效的财政调节机制与制度，逐步解决我国目前利益关系的严重失衡问题。这是本书研究的重点。

（3）不同经济发展阶段缩小城乡收入差距的有效财政制度安排和政策工具建议。在前述研究基础上，结合我国城乡收入差距实际情况和“十三五”时期对公平收入分配的具体要求，提出适合不同经济发展阶段的有效财政制度和政策工具，尤其是建立各级政府之间财政均富的转移支付制度，本着基本公共服务均等化的目标，明确中央、省和地方各级政府之间提供基本公共服务的具体责任，加大教育、社会保障等公共消费支出比重，改革财产税等地方税收体制，彻底缩小城乡收入差距。这是本书的最终目的。

（四）拟突破的重点和难点

1. 重点

一是财政制度和政策工具对城乡收入差距影响大小的相关变量选择和典型数据的调研收集。变量力求对城乡收入差距存在有效影响及可据之测量影响力度大小。数据调研力求口径统一，真实可比。

二是通过建立数学模型,用模型对各影响因素进行分析预测。同时分别研究各影响因素对要素资源配置、初次分配及再分配等环节的影响，力求每个环节准确反映其对城乡收入差距调节作用的大小。

三是总结出“十三五”期间缩小城乡收入差距的不同地区，寻求全国、中部地区和湖南省财政调节的有效制度和政策工具安排，提出具体的政策思路和对策建议，为实践决策提供参考。

2. 难点

通过本书的研究，拟解决三大难点问题：

一是城乡收入差距影响趋势分析。市场机制产生的收入分配差距，是市场经济内生的一种结果和趋势，单纯以结果公平为目标的政府干预往往失灵。政府财政制度安排必须从消费公平出发，在经济循环的起点环节进行干预，才能尽快缩小城乡收入差距。

二是财政支出工具和税收工具对缩小城乡收入差距的度量分析。现行部分财政制度和政策工具扩大了城乡收入差距，出现了逆向调节。尽快规范和优化财政制度成为当务之急。消费公平很大程度上决定了收入公平。加大政府公共消费类政策工具的选择，尤其是加大农村地区公共消费支出，可以极大地促进城乡收入差距缩小。

三是不同分配环节需要采取的具体财政制度安排建议。首先，在初次分配领域，利用财政支农支出、财政补贴等工具促进农民持续增收，统筹城乡发展，提高农村整体收入水平；在再分配领域，加大税收对收入分配的调节力度，设计培育中等收入群体、减轻低收入群体、加大高收入群体税收负担的调节制度；在第三次分配领域，加大财政对慈善事业的支持力度，通过制度性税收优惠予以鼓励。其次，要促进基本公共服务均等化和统筹城乡社会保障体系，增加农村居民的转移性收入。最后，尽快建立辖区财政责任机制，明确基本公共服务均等化的主要责任在于中央和省级政府部门，并以此推动建立科学的财力下移机制，本着财权上移和财力下移的基本原则，实现财权和事权的匹配，尽快缩小城乡收入差距。

综上，本章主要梳理了关于城乡收入差距的测度、分解以及调节城乡收入差距的财税政策和制度方面的国内外文献，并沿着国外、国内两个思路梳理、分类、总结以及评述文献；对本书总体框架和思路进行了科学合理的安排。

第二章　财政制度影响城乡收入差距的基本理论

第一节　城乡收入差距的基本概念界定

一、收入的基本概念

（一）收入

美国学者海格（R. M. Haig）提出：“收入是两个时点之间经济能力净增加的货币价值。”❶他认为收入应该包括货币收入和其他可以用货币衡量的物品的增值。西蒙斯（H. C. Simons）❷认为收入是以货币衡量的从消费得到的满足，包括消费开支和本期消耗掉的耐久品的使用价值。二者分析的角度有一定差距，即前者从收入入手，后者从消费角度界定，但本质都是以资产价值净增长作为衡量收入大小的标准，因此被称为“H－S”或“S－H－S”收入。

---

❶ Haig R. M. (1972), The concept of income, in R. M. Haig(ed), The Federal Income Tax, Columbia University Press, p. 31.

❷ Simons H. C. (1938), Personal Income Taxaition. University of Chicago Press, p. 49.

（二）居民收入

居民收入一般包括收入来源和收入最终使用两个方面。收入来源指居民个人在一定时期内从各种来源得到的货币性和实物福利性收入的总和，一般由劳动收入、业主收入、房租收入、股息、利息以及国家用于失业救济等方面的付款。最终使用指个人消费和储蓄。

（三）居民可支配收入

居民可支配收入指居民收入总额扣除非生产性的税费后所形成的可以自主支配的用于消费、直接投资和金融资产积累的收入。在《联合国收入统计指南》中，可支配收入是指基本收入、财产收入和转移性收入构成的住户总收入扣除住户缴纳的税金、社会保险和养老金之后的余额。按照以上两个定义，我国现行农村居民人均纯收入和城镇居民家庭人均可支配收入的统计口径与以上概念最为接近。

1. 城镇居民家庭可支配收入

按照《中国统计年鉴》的界定，城镇居民家庭可支配收入指家庭成员得到的可用于最终消费支出和其他非义务性支出以及储蓄的总和，即居民家庭可以用来自由支配的收入，它是家庭总收入扣除交纳的个人所得税、个人交纳的社会保障支出以及记账补贴后的收入。

2. 农村居民人均纯收入

农村居民人均纯收入，指农村居民家庭全年总收入中，扣除从事生产和非生产经营费用支出、缴纳税款和上交承包集体任务金额以后剩余的，可直接用于进行生产性、非生产性建设投资、生活消费和积蓄的那一部分收入，也包括工资性收入、经营性收入、财产性收入、转移性收入。农民人均纯收入是按人口平均计算的纯收入水平，反映的是一个地区农村居民的平均收入水平。

（四）评述

我国国家统计局采用了城镇居民家庭可支配收入和农村居民纯收入概念，但均未包括自由住房的估算租金，也忽略了许多城镇居民所享有的实物性补贴与社会保障以及生活费用指数差异。如果考虑这些，则城镇居民的人均收入水平将会显著上升，城乡居民之间的收入差距也会随之扩大。

基于数据的可获得性和可比性，本书计算城乡收入差距采用国家统计局关于农民纯收入和城镇居民家庭可支配收入的概念。在实证研究部分，对数据做了一些计量处理，以保证数据的可比性和科学性。

二、收入分配的基本概念

（一）收入分配的概念

收入分配是经济社会最基本的范畴之一，一般指社会产品在一个社会内部各个集团之间和成员之间的分割和占有，本质是将一定时期内的社会产品按照一定的分配原则和制度归集到不同集团和成员手中，是社会经济关系一个重要的环节，也是经济关系的核心内容。[1]

（二）初次分配

初次分配即按照生产要素分配，是一种直接分配手段，是分配的第一个环节，也是收入分配的起点，一般遵照“等量劳动获取等量报酬”的市场原则在国家、企业、个人之间进行分配，居民个人依靠劳动获得劳动报酬，生产要素所有者依据拥有的生产要素得到财产性收入，形成国民收入初次分配格局。因此，居民收入的主要来源是初次分配获得的直接劳动收入和财产收入。

（三）再分配

再分配指各收入主体主动或被动地将自己初次分配收入的一部分转移出去，同时又从其他主体手中获得一部分初次分配收入的过程。再分配是一种间接性分配，是在初次分配的基础上通过税收、社会保障缴款等多种强制性手段由政府主导进行的一种分配活动，最终形成再分配格局。

（四）第三次分配

第三次分配本质上是慈善公益事业单位或组织进行的公益性分配。

---

[1] 崔军. 调节居民收入分配的财政制度安排[M]. 北京：经济科学出版社，2011:4-6.

这个概念最早是厉以宁教授（1994）在其《股份制与市场经济》一书中提出来的。厉以宁提出了政府加强调节、引导慈善事业的第三次分配可以调节不断扩大的收入差距。政府可以通过对公益性捐赠免税等方式，积极促进第三次分配。慈善公益事业可以弥补社会保障制度的缺漏以及软性调节社会矛盾和冲突。

（五）规模收入分配

规模收入分配（个人或家庭收入分配）是以居民个人或家庭为主体进行的国民收入分配，反映国民收入在居民个人或各家庭之间收入分配的状况，从收入分配最终结果来分析不同主体最终收入在社会总收入中所占份额。其表明了个人或家庭最终收入的均等程度和社会成员从经济发展中获得的福利水平，建立了经济公平分配原则。这与功能收入分配不同。

述评：本书在考察收入分配差距时系统考虑初次分配和再分配的所有环节。研究缩小城乡收入差距的财政政策工具和制度时，重点研究再分配环节，以体现财政收入职能干预的重点分配环节。重点研究规模收入分配，借助定量分析方法，对居民人均可支配收入进行测量和排序，来研究居民收入差距状况和公平程度。

三、收入分配差距的基本概念

（一）收入差距的概念

收入差距指不同收入单位之间的收入差别程度，一般包括相对差距和绝对差距。相对差距以收入比重或收入相对份额表示收入差别程度。绝对差距指不同收入单位的绝对数差异。收入差距也称为收入分配不平等，即同一时点不同个体收入水平的偏差程度，关注的是静态收入分配结果，可用许多经济指标进行测度。研究者一般将全国收入差距分解为城镇内部收入差距、农村内部收入差距以及城乡收入差距。本书的研究以相对收入差距为主，个别地方辅之以绝对数比较。收入差距的一般分解和具体测度指标将在本书第三章详细比较分析。

（二）城乡收入差距

本书计算城乡收入差距时主要使用国家统计局的城镇居民可支配收入

与农村居民人均纯收入两个指标，个别地方的比较分析会补充使用其他口径。全国总体收入差距在很大程度上由城乡收入差距解释。

（三）评价

大多数学者均以城镇居民可支配收入和农村家庭纯收入为基础反映城乡收入差距，但部分学者认为这种划分标准存在错误，不能真实反映城乡居民收入的实际差距。陈宗胜（2000）认为，农民人均纯收入中未全面考虑土地的价值，没有将自有住房纳入评测体系中，加上收入较高的农民工由于人口流动性强、规模比重大等原因未能将全部收入纳入农民人均纯收入中，导致农村的收入状况被低估，城乡收入差距被人为高估了。李实（2013）认为，由于城镇高收入群体刻意隐瞒自己的灰色财产和收入，因此城镇住户调查中高收入样本户往往不具备代表性和完整性，从而使城镇居民可支配收入的估计值和实际值存在较大偏差，不符合人们对城乡收入差距的普遍预期，即在未考虑农村家庭纯收入变化的前提下，城乡收入差距被人为低估了。

收入分配和收入差距是一种递进的关系，相互影响和制约。收入分配是一种分配过程。收入差距是一种分配结果，反映了经济主体在利益分割结束后的最终结果。收入分配的制度和方法决定了收入差距的性质和大小，反过来大小不同的收入差距也会在下一轮影响收入分配，由此进入不断循环的过程。如果收入分配制度和方法不合理，且缺乏有效的政府调节制度和政策工具，那么下一轮会造成收入差距扩大甚至差距悬殊。因此，作为研究者，不仅需要关注收入差距本身，更要挖掘引发收入差距产生的原因和根源，从本质上缩小城乡收入差距。本书的主要研究对象为城乡居民收入差距；研究重点为有效的财政制度和工具对城乡收入差距的影响；研究目的是提出具体可行、有效缩小城乡收入差距的阶段性财政制度和政策工具。

四、财政制度和政策工具的基本概念

（一）财政制度

财政制度一般指一个国家规范财政分配活动的法律、法规、条例和办法等的总称，是反映财政收支规律的指令性文件，具有法律效力。[1] 我国财政制度包括处理中央与地方、国家与企业、部门之间财政分配关系的制度以及各项财政收支基本法规等。其中和本书研究关系密切的财政制度主要包括税收管理和财政收支基本制度。

（二）财政政策和工具

财政政策是指一国政府为实现一定的宏观经济目标而调整财政收支规模和收支平衡的指导原则及其相应的措施。在市场经济条件下，财政政策作为一国宏观经济调控的重要杠杆，通过税收、公债、公共支出、政府投资等政策工具来调节国民经济的运行，以实现收入公平分配、资源优化配置和经济稳定与发展职能。本书重点研究的财政政策工具主要包括财政支出政策、税收政策和转移支付政策。

（三）评价

财政制度是财政政策制定的框架和基础；财政体制是实施财政制度的具体管理和实践体系；财政政策是更加具体的贯彻执行方法和措施。三者之间既有联系又有区别。本书主要研究财政制度和政策工具对城乡收入差距的影响。

第二节　调节城乡收入差距的财政理论基础

一、财政干预基础：市场失灵理论

自由放任思想很长时间内在西方经济学发展史上一直占据主导地位。1929—1933 年的经济大危机为市场失灵理论的提出及进一步研究提供了初始动力和条件。

（一）市场失灵的概念

市场失灵是指市场无法有效率地（或低效率）分配商品和劳务的情

[1] 戴罗仙. 财政学[M]. 长沙：中南大学出版社，2015：360－361.

况。资源配置是否合理必须看“效率”和“公平”这两个重要的评判标准的情况。市场失灵主要表现在效率损失和收入分配不公两个方面。

(二)市场失灵的类型

财政学一般将市场失灵分为条件性市场失灵和原生性市场失灵。前者是指现实的市场条件不符合纯粹的市场经济所必需的条件假定。后者是指即使具备纯粹的市场经济所需要的完整运行环境，市场经济的调节效果也有不尽如人意的地方。收入分配不公和经济波动失衡是原生性失灵的典型表现。

(三)市场失灵的原因

收入分配不公平形成的根本原因是市场本身有缺陷。法国学者罗奈·勒努阿认为，市场不能保证公平分配的主要原因是不能阻止纯租金的出现。美国经济学家约瑟夫·斯蒂格利茨认为主要是部分人依靠稀缺资源或技术获得高收入，但另外一部分人因为资源缺乏而收入低下，市场经济自身会带来分配结果的不公平和贫富分化问题。由于市场始终遵循资本与效率的原则，资本与效率的原则又存在着“马太效应”，资本越多越有利于竞争和逐利以及效率提高，收入与财富也越向资本与效率集中；再加上资本家对雇员的剥削造成了收入差距的进一步拉大。过大的收入和财富差距又影响到消费和生产，使社会资源无法实现效用最大化。

(四)政府干预方式

政府干预市场失灵的方式包括行政法律手段和经济手段，其中经济手段包括财政手段。财政手段中非常重要的是自动稳定的财税政策，具体包括自动稳定的累进税制度、转移性支出制度和农产品价格维持制度。累进税制度随着经济周期的变化自动出现档次爬升（下降）效应，从而调节收入水平高低。转移性支出逆向调节经济周期变化，经济繁荣时用于转移性支出的失业救济和福利支出减少，经济萧条时增加，从而调节可支配收入水平。农产品价格维持制度的调节方向与转移性支出基本一致。总之，政府通过自动稳定的财税政策，正确处理平等和效率的关系，向社会成员提供最低生活保障，向贫困者提供就业、医疗、教育等援助，从而有利于社会公平目标的实现。

（五）评价

市场失灵理论是财政介入收入分配不公的主要理论之一。在目前经济新常态背景下，我国市场经济本身出现了很多“新型市场失灵”，如城乡收入差距长期持续扩大甚至整体居民收入分配两极分化等，这是典型的系统性失灵，极大影响了我国经济建设小康目标的实现和社会和谐发展。

因此，我国政府必须构造与市场经济互相包容、互相促进的包容型收入分配调节机制，包括对现有财税体制的改革和顺应市场要求构建新型财政体制。党的十八大提出财政是国家治理的基础和重要支柱，科学的财税体制是优化资源配置、维护市场统一、促进社会公平、实现国家长治久安的制度保障；2020 年我国基本建立现代财政制度。基于此，政府干预收入分配不公的主要经济工具之一必须是财税制度，解决市场失灵中的收入分配不公就成为治理国家的重要抓手，要积极完善财政政策制度，创新财税政策工具，缩小城乡收入差距，为城乡统筹的进一步发展打下良好基础。

二、财政职能与收入分配

马斯格雷夫在《公共财政理论》（1959）中提出财政经典的三大职能，即资源配置、经济稳定和收入分配。本书重点分析收入分配职能。

（一）财政收入分配职能的概念

财政收入分配职能是指通过财政分配活动实现收入在全社会范围内的公平分配，将收入差距保持在社会可以接受的范围内。收入分配职能是财政最基本和最重要的职能。财政再分配则是政府经济领域的分配活动。

（二）收入分配职能是财政三大基本职能之一

财政支出是实现财政收入公平分配职能的重要政策工具之一，为政府实行财政政策以参与收入再分配提供了合理性和必要性。随着政府理念和宗旨向服务型政府的主流观念的转变以及政府主义观点的盛行，政府承担的社会责任越来越大，不仅有促进经济增长的职责，更有保证收入合理分配的职责，而后者正是政府现在和未来关注的侧重点。收入分配问题已经不再仅仅是经济增长的潜在风险和障碍，而是日益成为经济增长的源泉和目的。面对城乡收入差距扩大的现状，政府对城乡收入扩大引发的问题难辞其咎，理应有义务和职责解决这一问题。而解决的重要手段就在于财政支出，如支农支出、财政补贴等。政府的财政支出政策，或间接或直接影响着收入的初次分配和再分配，体现社会公平，对于缩小城乡收入差距具有极强的正面效果。

(三)财政收入分配职能的机制和途径

财政执行和实现收入公平分配的机制和工具主要有:

1. 划清市场分配和财政分配的界限和范围

原则上属于市场的不能越位，属于财政的需要尽职尽责。一般由市场初次分配形成的工资、利润、租金、财产收入、股息收入等，财政可以通过再分配制度和政策进行调节。对应医疗保健、社会福利、社会保障等公共物品，则应由财政集中分配，实行均等化提供。

2. 规范工资制度

主要规范由国家财政预算拨款的公务员工资制度和相关事业单位工资制度。

3. 加强税收调节

所得税和财产税性质的税种，可以起到直接调节个人收入与财富水平的作用。此外，对主要由高收入者消费的产品或劳务课以重税，而对低收入者普遍消费的生活必需品实行低税、免税、甚至给予价格补贴也是普遍采用的办法。

4. 转移支付

转移支付通过提高低收入者的收入水平来改变收入分配不公的程度，一般有明确的受益对象和支付范围。具有转移支付性质的支出项目主要包括各种专项拨款和各类补贴支出。社会保障支出中的一些支出项目，如最低生活保障支出也具有转移支付性质。

(四)评价

除上述带有普遍性的财政手段外，我国还采取了其他一些有针对性的财政措施和手段调节收入分配状况，如针对我国城乡收入差距较大的问题，政府在增加“三农”投入，强化支农、惠农及强农政策的同时，为农民培训就业技能，多渠道扩大农村居民转移就业，千方百计增加农民收入，在一定程度上遏制了城乡收入差距和地区收入差距进一步扩大。根据马斯格雷夫的经济发展阶段论，经济进入成熟阶段后，一国财政支出结构必然会倾向于教育、保健和社会福利，转移性支出会大大提升，财政收入分配职能会更加凸显其重要性。

第三章　城乡收入差距发展演变的实证考察

1978 年改革开放以来，我国建立了与基本国情、发展阶段相适应的收入分配制度。但是城乡区域发展差距和居民收入差距依然较大，是我国收入分配领域亟待解决的突出问题之一。我国当前已经进入全面建成小康社会的决定性阶段，要继续深化收入分配制度改革，优化收入分配结构，缩小城乡收入差距和发展差距，以实现全民小康社会。基于此，深入研究我国城乡收入差距的发展演变规律就成为一个重要的研究课题。本章重点对我国城乡收入差距不平等的现状进行实证考察，对城乡收入差距进行全面测度和典型分析，寻求我国城乡收入差距的发展演变规律。

第一节　我国城乡收入差距的测度指标选择

改革开放以来，我国城乡收入差距变化巨大。如果想客观描述这种变化轨迹或规律，必须依托于科学客观的城乡收入差距度量标准。一个客观的、准确的度量标准首先必须满足基本价值判断标准，其次还要满足收入不平等（或收入差距，下同）度量指标的若干要求标准。本章是本书研究的实证基础，遵循城乡收入差距度量工具的选择和我国城乡收入差距、中部地区城乡收入差距、湖南省城乡收入差距测度与分析的基本思路，沿着全国—区域—典型地区的分析顺序，从一般到特殊，对我国城乡收入差距发展演变规律采用全面与重点相结合的方法进行考察与分析。

一、适度的城乡收入差距价值判断标准

（一）基本价值判断的界定

价值判断是人们对事物能否满足主体需求以及满足程度所作出的判断。衡量价值判断正误的标准，就是看它是否符合社会发展的客观规律，是否与广大人民群众的根本利益相一致。印度学者森（1967）的定义是：如果某人的一个价值判断可被运用于所有可能的情形，则称之为他的基本价值判断，否则就是非基本的。❶ 根据这个定义，基本价值判断就是那些在任何情况下，都不用附加条件，就可以被某人接受的价值判断。黄有光认为，如果某人的一个价值判断不能从其他价值判断和他所信仰的道德信条中推出，则称之为他的基本价值判断。❷ 本书在研究收入差距过程中，基本的立足点是城乡居民的基本价值判断。

（二）适度的城乡收入差距价值判断标准

共同富裕和保持适度的收入差距是我国社会主义市场经济初级阶段的基本政策和基本目标。适度的城乡收入差距也是适度的收入差距的一个重要组成部分。所谓适度的城乡收入差距，一般指城乡收入差距经过政府再分配以后把收入差距控制在城乡居民可以接受的范围之内。如果按照基本价值判断的要求，则必须使收入分配遵循公平与效率两大原则。

1. 基于适度城乡收入差距的公平

从经济学的角度分析，适度的城乡收入差距是公平的。在经济发展水平较低和较高的社会，较平等的收入分配被认为是公平的；而在中等经济发展水平的社会，较平等的收入分配被认为是不公平的。不过，无论

---

❶ Sen，Amartya K. Collective Choice and Social Welfare，Amsterdam：North – Holland，1970，p. 59.

❷ 黄有光. 福利经济学[M]. 周建明，等译. 北京：中国友谊出版公司，1991：24 – 25.

采取什么样的价值标准，对任何社会的任何社会成员和阶层来说，强调"公平优先"或对公平的渴望和追求都是天经地义的，保证公平分配是政府最基本的责任。马克思主义认为，经济学意义上的公平是有关经济活动的规则、权利、机会和结果等方面的平等和合理，它是调节社会关系和财富分配关系的一种规范。根据马克思的公平观，我国经济社会中的收入公平分配应该涵盖分配起点、分配过程、分配规则和分配结果的公平，不是单纯的结果公平。按劳分配和按要素分配，必然会形成个人收入差距，但体现了市场的激励原则。

2. 基于适度城乡收入差距的效率

效率指的是投入与产出或成本与收益的对比关系。我国经济发展初级阶段，由于生产力发展水平较低、创新能力不足等原因，在公平与效率的权衡上通常会更加重视效率，但这往往会带来较大的收入差距或不平等。进入中等收入阶段以后，产品供给能力大幅度提升，收入分配差距过大会制约消费需求的增长、影响社会稳定，因此在公平与效率原则的权衡上要求更加注重公平。❶

（三）评述

城乡收入差距过大是收入分配不公平的表现形式之一。要保持适度的城乡收入差距，必须处理好公平与效率之间的关系。公平决定效率，效率反作用于公平，公平和效率相互依存、相互促进，共同构成一个和谐整体。收入差距过大不但影响效率而且也是不公平的表现。初次分配要注重效率，再分配要更加注重公平。对于第三次分配，政府和市场均要给予支持的态度，来补充和完善收入分配调节体系。在三次分配调节体系中，坚持市场调节、政府调控和民间补充，充分发挥市场机制在要素配置和价格形成中的基础性作用，更好地发挥政府对收入分配的调控作用，规范收入分配秩序，增加低收入者的收入，调节过高收入，从根本上缩小收入差距。

---

❶ 张桂文. 正确处理收入分配中公平与效率的关系[N]. 人民日报, 2013－6－3.

二、改革开放以来我国城乡收入差距的价值判断

（一）改革开放以来我国适度收入差距的分析与判断

党的十八大报告指出："初次分配和再分配都要兼顾效率和公平，再分配更加注重公平。"这就为深化收入分配制度改革指明了方向。2016年中央1号文件指出，"十二五"时期，农民收入持续较快增长，扭转了城乡居民收入差距扩大的态势，但另一方面，在经济发展新常态背景下，如何促进农民收入稳定较快增长，加快缩小城乡差距，确保如期实现全面小康，是必须完成的历史任务。"十三五"时期我国需要继续推进农村改革发展，到2020年，农民生活达到全面小康水平，农村居民人均收入比2010年翻一番，我国现行标准下的农村贫困人口实现脱贫，贫困县全部摘帽，解决区域性整体贫困，城乡居民收入差距继续缩小。我国城乡收入差距过大，主要因为农民收入水平平均偏低，尤其是部分贫困地区居民收入长期偏低。2016年为"十三五"开局第一年，国家为解决城乡收入差距过大提出了一个明确的时间表。

党的十七大、十八大和2016年中央1号文件提到的公平，既涉及初次分配中的公平，也涉及再分配中的公平。强调再分配更加注重公平，是因为目前收入差距过大，必须加大再分配的力度，适当提高收入均等化的程度，缩小收入差距尤其是城乡收入差距。纠正上述收入分配不公，必须依靠政府再分配政策的干预和调整。

（二）如何改善当前的收入分配现状

改善目前收入差距过大的现状，缩小城乡收入差距，保证城乡进一步统筹发展是我国经济发展领域的迫切需求，也是本书研究的重点。基本思路简单概括为：首先坚定不移地贯彻效率优先、兼顾平等和按生产要素贡献分配的原则，在初次分配领域完善要素市场，缩小城乡、地区和行业之间不合理的收入差距。其次，建立促进大众创业、万众创新的财税政策支持体系。这是中国目前缩小贫富差距包括收入差距的最根本的政策。政府通过社会保障机制扶持鼓励草根创业、草根创新，这有利于调整分配和收入结构，给所有居民提供均等的创造收入的机会，可以最大范

围地缩小收入差距。最后，在再分配领域，要优化财政支出结构、完善税制结构、健全财政管理体制等，在提高效率的同时缩小不合理的收入差距，从而促进社会的公平。这些正是本书后半部分研究的重点。

三、城乡收入差距衡量标准的选择

根据不同的基本价值判断，形成了多样的收入差距衡量标准。本书重点讨论缩小收入差距的财政政策工具和制度选择。我国判断城乡收入差距的基本原则应该是效率优先、兼顾公平，符合基本价值判断标准和社会福利标准，将城乡收入差距保持在适度范围内。因此，应该构建相对指标为主体、绝对指标为补充的多元指标体系，具体指标的选择应该符合优良指标的公理性原则，既有客观性，也能反映大部分城乡居民的主观性。

测定收入差距的指数众多，从理论上来看，一个好的测度指标需要具备匿名性或无名性、齐次性、规模大小不变原则、转移性原则、强洛伦茨一致性以及可分解性原则。

(一)收入差距测度指标的分类

依据是否带有量纲，不平等指标可分为两大类。

1. 绝对指标

绝对指标即城乡居民收入绝对值差异、极差、方差等。这类指标的特性在于有量纲，它们的大小与度量单位有关。这类指标虽然计算简单、表达直观明了，但存在两个明显缺陷：一是如果用这类指标度量收入分配，经济增长总是带来收入不平等的上升；二是改变度量单位时，尽管收入分配没有发生任何变化，但这些指标显示的不平等却会变化。

2. 相对指标

相对指标一般没有量纲单位，它们的大小与度量单位无关。相对指标一般符合公理性原则，在经济学收入分配的研究中使用频繁。这类指标种类众多，按照测度指数的性质可以分为结构相对指标、比例相对指标、计划完成程度相对指标、强度相对指标等。也有按照指标来源分为统计学的分析指标、收入分配理论的分析指标、福利经济学的分析指标和物理学分析指标。

(二)我国城乡收入差距测度与分析的工具选择

1. 城乡收入比和基尼系数评析

目前绝大部分学者将城乡收入比作为衡量城乡收入差距的主要指标，主要理由在于数据来源和计算公式简单，便于人们直观地接受。但是城乡收入比计算结果较粗糙，不适合进行更具体、更深层次的分析和研究，故一些学者已开始寻求其他更精确的测量指标代替城乡收入比。

由于各国的国情不同，以及一国国内不同时期的情况不同，试图以一个精确数值来衡量收入差距具有较大的局限性。因此，一般采用一个主要指标如泰尔指数，并且辅以若干具有通用性、可比性和可操作性的辅助指标，如城乡收入比、恩格尔系数等，更加全面、深入地衡量收入差距。运用城乡收入比的方法只能反映城乡收入差距的绝对差距，并不能反映城乡人口所占比重的变化。程永宏认为城乡人均收入之比（或差）作为城乡差距的指标过于粗略，因为平均收入本身只是一个抽象概念。特别是当城乡人均收入水平相同而收入分布不同时，城乡差距是存在的，但城乡人均收入之比（或差）却无法识别它。基尼系数使用最为广泛，主要是因为基尼系数有一个数量界限的测度标准，能较易测度出区域之间居民收入分配所处的状态等。但是基尼系数的一个难题是它的分解问题。伦敦政经学院的 Cowell 教授等许多学者指出：基尼系数在不同收入群组之间是无法完全分解的，总体基尼系数除了包括组内差距和组间差距外，还应包括一个相互作用项。由于交叉项的问题尚未很好地解决，基尼系数分解的用处大打折扣，分析组间差距和组内差距对整体基尼系数的贡献也变得困难。此外，基尼系数不能反映个别阶层的收入分配变动情况，其增减不能反映到底是由哪个阶层收入的变化引起的；它对富人的观察值敏感，而当低收入阶层的收入比重发生较大变化时，反映到基尼系数值的变化却很小；不同的收入分配状况可能得出相同的基尼系数，即一个基尼系数的数值可能对应多条洛仑兹曲线，进而代表不同的收入分配状况。基于上述原因，故本书采用泰尔指数为主要研究指标，城乡收入比为辅助指标。

2. 泰尔指数的选择理由

（1）概述。泰尔熵标准是因泰尔利用信息理论中的熵概念来计算收入不平等而得名，后来适用于衡量个人之间或者地区之间的收入差距（或者称不平等度）。泰尔指数一般以收入为权重，泰尔指数越大，则收入差距越大,越不公平。泰尔提出的计算公式相当繁琐，而且仅适用于样本数据，目前国际上对于分组数据通用的公式为:

$$T = \sum_j \sum_i \left(\frac{Y_{ij}}{Y}\right) \ln\left(\frac{Y_{ij}/Y}{N_{ij}/N}\right) \tag{3.1}$$

其中 T 代表总体泰尔指数，Y 为总收入，Y_{ij} 为第 i 个单位的 j 区域的收入，N 为总人口，N_{ij} 为第 i 个单位的 j 区域的人口。

不仅如此，泰尔指数也可以进行因素分解。具体而言，泰尔指数可以分解为组间和组内，即 $T = T_w + T_b$（其中 T_w 为组内差距，T_b 为组间差距）。利用泰尔指数的因素分解式，可以分析得出地区收入差距主要是由区域之间的差距造成的还是区域内部的差距造成的。其分解计算公式为:

$$T = T_w + T_b \tag{3.2}$$

式（3.2）可以分解为:

$$T = T_b + T_W = \sum_i \left(\frac{Y_i}{Y}\right) \ln\left(\frac{Y_i/Y}{N_i/N}\right) + \sum_i \sum_j \left(\frac{Y_{ij}}{Y}\right) \ln\left(\frac{Y_{ij}/Y_i}{N_{ij}/N_i}\right)$$

$$T_b = \sum_i \left(\frac{Y_i}{Y}\right) \ln\left(\frac{Y_i/Y}{N_i/N}\right)$$

$$T_W = \sum_i \sum_j \left(\frac{Y_{ij}}{Y}\right) \ln\left(\frac{Y_{ij}/Y_i}{N_{ij}/N_i}\right)$$

其中，T 代表总体泰尔指数，测度总体差距，T_b 表示组间泰尔指数，T_W 表示组内泰尔指数，Y_i 表示第 i 个单位的总收入，Y_{ij} 表示第 i 个单位中 j 区域的收入，N_i 表示第 i 个单位的总人口，N_{ij} 表示第 i 个单位中 j 区域的人口，Y 表示总收入，N 表示总人口。

（2）选择理由。用泰尔熵指数来衡量不平等的一个最大优点是，它可以衡量组内差距和组间差距对总差距的贡献，即不存在交叉项的问题，同时组内差距还可以被分解为各组内部差距之和。利用泰尔指数的因素分解式，可以清晰地描述出组间和组内对总体泰尔指数的贡献率孰大孰小，以此来强调收入差距产生的主要因素，说明该主要因素的严重性和形势的严峻性，同时由于该主要因素的缩小对于总体差距的缩小的贡献率最大，这也就为集中主要精力解决该收入差距问题提供了依据。

泰尔指数的另一个优点是充分考虑到了人口因素对收入差距的影响。泰尔指数在衡量收入差距时不仅仅考虑了收入的相关指标，而且还同时兼顾人口对收入差距的影响，这是城乡收入比和基尼系数无法比拟的。从具体影响结果来看，人口权重的差异将会造成泰尔指数总量和结构的变化，即在收入既定的条件下，人口权重越大，泰尔指数的值就越小，相应的收入差距也就越小。

基于以上两点，本书选择用泰尔指数来对城乡收入差距进行测度和分析。

第二节　城乡收入差距的发展演变轨迹考察

一、全国城乡收入差距的测度与分析

本章适当以城乡收入比来做参考对比，重点利用泰尔指数来详细测度全国 1978—2015 年的城乡收入差距。

（一）全国城乡收入差距的测度和描述

根据式（3.2），将全国分为城镇、农村两组，所选的数据包括全国城镇总人口、农村总人口、全国城镇人均可支配收入和全国农村人均纯收入，其中全国城镇总收入（或全国农村总收入）可以通过全国城镇人均可支配收入（或全国农村人均纯收入）与全国城镇总人口（或全国农村总人口）加权相乘而得。Y_1、Y_2 分别代表全国城镇总收入、农村总收入，N_1、N_2 分别代表全国城镇总人口、农村总人口，Y、N 分别代表全国总收入、全国总人口。根据式（3.2），可以计算出 1978—2015 年的泰尔指数，泰尔指数的结果如图 3－1 所示。

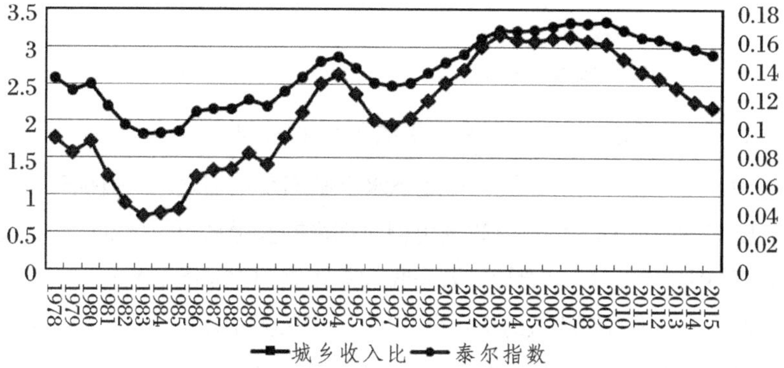

图 3-1　泰尔指数与城乡收入比的对比

数据来源:1978—2014 年数据根据中国统计年鉴整理而得,2015 年数据来源于 2015 年统计公报。

(二)基本演变轨迹

由图 3 -1 可知，泰尔指数和城乡收入比的变化趋势大体一致。城乡收入比作为最有代表性的衡量指标，通过泰尔指数和城乡收入比的相互比较，可以说明泰尔指数在衡量城乡收入差距方面同样具有可行性，泰尔指数在一定程度上具有替代性。

图 3 -1 中泰尔指数可以较为直观地反映全国 1978—2015 年的城乡收入差距的大致变化趋势：总体而言，城乡收入差距是递增的，城乡收入差距上升的时间段远远多于下降的时间段，泰尔指数从 1978 年的 0. 091 已经上升到 2015 年的 0. 113，并在 2003 年出现峰值 0. 162。具体而言，城乡收入差距大致经历了下降—上升—下降—上升—稳中有降五个阶段。值得注意的是，我国近年来的城乡收入差距有缩小的趋势，泰尔指数从 2007 年的 0. 161 持续下降至 2015 年的 0. 113。

虽然近几年全国城乡收入差距稍微有下降的趋势，但城乡收入差距仍然是我国目前收入差距构成的主要因素，城乡收入差距过大的事实仍然没有改变，城乡收入差距问题仍然不容忽视，仍然亟需政府的财政介入。

二、中部地区城乡收入差距的测度与分析

(一)中部地区城乡收入差距的测度和描述

中部地区经济日益发展，其经济水平虽不及东部地区，但优于西部地区，具有一定的代表性。财政支出相对规模的衡量采用中部地区财政支出绝对额与中部六省 GDP 之比，城乡收入差距采用泰尔指数来衡量，泰尔指数数值的大小即表明收入的不均衡程度。该指标充分考虑到了城乡人口对城乡收入差距的作用，从而可以更为科学地代表城乡收入差距。本部分所指的泰尔指数为中部地区城乡间泰尔指数（T_b），即把中部地区按照城乡分为两组，那么 Y_1、Y_2 代表城镇总收入及农村总收入，N_1、N_2 分为代表城镇总人口及农村总人口。表 3－1 为中部地区 2000—2014 年人口、收入情况。

表 3－1　中部地区 2000—2014 年收入及人口

年份	城镇居民 可支配收入(元)	农村人均 纯收入(元)	城镇人口(万人)	农村人口(万人)
2000	31 630.77	12 427.05	10 403.27	25 104.83
2001	34 469.83	12 957.16	10 449.44	24 697.56
2002	38 594.88	13 631.55	11 029.50	24 799.75
2003	42 606.78	14 219.49	11 250.61	25 050.20
2004	47 319.06	16 156.63	11 722.52	23 996.89
2005	52 982.13	17 748.04	12 849.92	22 320.57
2006	59 467.45	19 679.53	13 394.88	21 856.25
2007	69 746.61	23 019.91	13 909.55	21 383.45
2008	79 180.97	26 620.00	14 510.85	20 954.76
2009	85 927.18	28 574.68	15 046.79	20 556.73
2010	95 471.28	32 787.94	16 200.06	21 420.86
2011	109 637.59	38 794.25	16 277.32	19 513.83
2012	123 897.25	44 163.34	16 955.00	18 972.00

续表

年份	城镇居民可支配收入(元)	农村人均纯收入(元)	城镇人口(万人)	农村人口(万人)
2013	136 161.03	49 747.34	17 496.62	18 587.98
2014	148 311.64	59 717.73	18 056.01	18 206.25

数据来源:根据2001—2005年中国统计年鉴整理所得。表中城镇居民可支配收入为中部地区年合计数;农村人均纯收入为中部地区年合计数;城镇人口和农村人口均为中部地区年合计数。

我国中部地区2000—2014年泰尔指数以及城乡收入差距趋势图见图3－2。

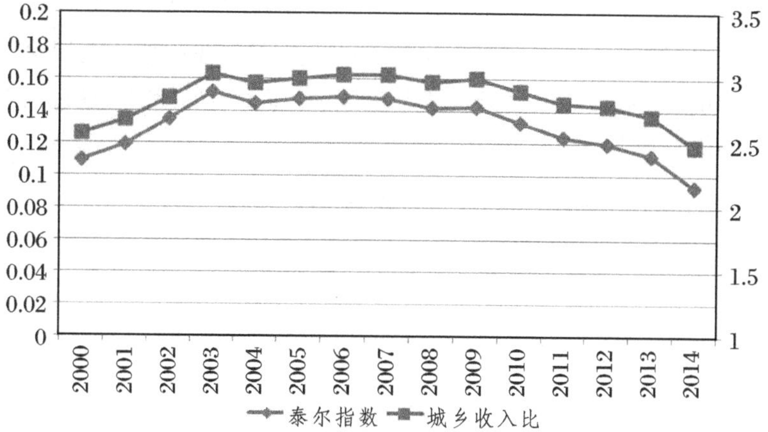

图3-2　中部地区2000—2014年泰尔指数与城乡收入比

(二)基本演变轨迹

如图3－2所示，泰尔指数与城乡收入比变化趋势基本一致。由于泰尔指数充分考虑了人口因素，其结果更为准确。中部地区城乡收入差距基本呈现“倒U”形的形态。泰尔指数由2000年的0.1061缓慢上升至2006年的峰值0.1481，之后开始下降，降至2014年的0.0939。可以看到中部地区城乡收入差距处于一个逐渐缩小的趋势中。

三、湖南城乡收入差距的测度与分析

湖南省是中部地区的重要省份之一，许多经济发展指标具有中部地区的典型特征。本部分以湖南省为典型地区重点考察分析城乡收入差距变动轨迹。本部分采取1997—2014年湖南省、4个经济区域、14个市州的城镇居民人口、农村居民人口、城镇居民年人均可支配收入、农村居民年人均纯收入等数据，测度湖南省城乡居民收入差距发展趋势和贡献率。其中1997—2014年城乡居民收入数据、城乡人口数据来自于湖南省各年统计年鉴，2012年因为数据不全为推算数据。城镇居民可支配总收入采用人口和城镇居民年人均收入加权计算而得，农村居民总收入采用农村人口和农村居民年人均纯收入加权计算而得。另外，选择从1997年开始，一是湖南省自1997年来城乡收入差距迅速拉大；二是国家统计局自1997年开始正式采用可支配收入概念。可支配收入是由基本收入、财产收入和转移收入构成的住户总收入扣除住户缴纳的税金、社会保险和养老基金之后的余额，与现行农村居民人均纯收入的概念基本一致。

(一) 湖南省城乡收入差距的全国比较分析

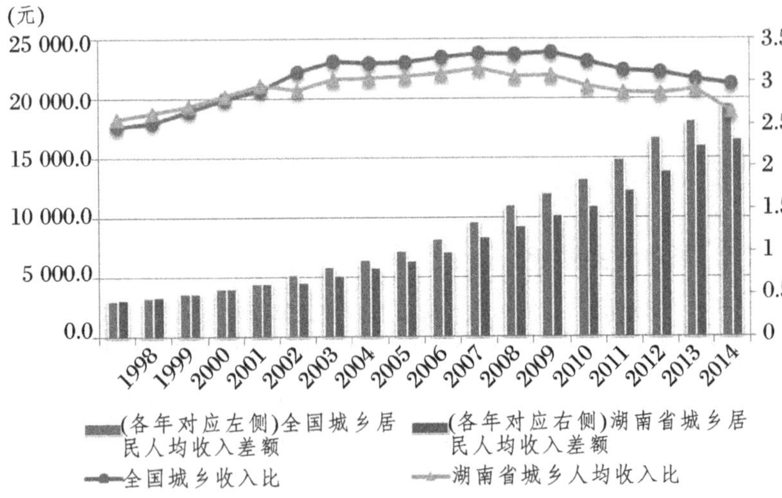

图3-3 湖南省城乡收入差额的全国比较

资料来源：根据湖南省统计局、国家统计局网站资料整理得。

如图3-3所示，改革开放以来，从城乡收入比来看，湖南省城乡收入差距与全国变动趋势基本一致，具有大致同步变动的特点。但自1997年以来，湖南省城乡收入差距整体开始出现了持续下降的基本趋势，平均水平低于全国。湖南省城乡收入差距绝对额、城乡收入比从1997年开始迅速扩大，城乡收入差距绝对额持续走高的趋势延续到2014年；城乡收入比于2007年达到3.15∶1的最高值，之后持续缩小，至2014年为2.64∶1。和全国城乡收入差距比较，可以分为两个阶段：1997—2001年，以上两个指标湖南省高于全国平均水平；2002—2014年，均低于全国水平，这种趋势一直得到延续。由于城乡收入差距绝对额和城乡收入比过于粗略，只能反映大概走势，因此下文将采用泰尔指数做详细测算，与上文两个指标做对比分析，详细测度湖南省城乡收入差距大小、分解城乡收入差距以及判断变动趋势是否与这两个指标的计算结果一致。

（二）湖南省城乡收入差距的测度与分解

1. 湖南省城乡收入差距测度与分解

计算说明：根据前文式（3.1）计算湖南省总体 T，i 表示城镇和农村两组，j 表示长沙市、株洲市、湘潭市、衡阳市等湖南省14个市州的不同区域，Y_{ij} 表示在 j 市州中第 i 组（城镇或农村）的居民收入，N_{ij} 表示在 j 市州中第 i 组（城镇或农村）的人口，Y 表示湖南省居民年总收入，N 表示湖南省年末总人口；同时计算湖南省四大区域总体 T，i 表示湖南省四大经济区域（长株潭、环洞庭湖、泛湘南和大湘西），j 表示 i 区域里的子区域（湖南省各州市）的城镇或农村。根据前文式（3.2）的分解泰尔指数，其中，T_b 表示组间泰尔指数，T_w 表示组内泰尔指数，Y_i 表示第 i 个单位的总收入，Y_{ij} 表示第 i 个单位中 j 区域的收入，N_i 表示第 i 个单位的总人口，N_{ij} 表示第 i 个单位中 j 区域的人口，Y 表示总收入，N 表示总人口。为了提高计算数值的准确性，泰尔指数一般保留小数点后四位。本书为了确保准确率，保留至小数点后五位，其余百分比指标保留小数点后两位。具体计算结果如表3-2所示。

表 3－2　湖南省 1997—2014 年泰尔指数测度与分解

年份	总体 T	组间 T	组间贡献率(%)	组内 T	组内贡献率(%)	城镇 T	农村 T
1997	0.12323	0.10634	86.30	0.01689	13.70	0.00739	0.00949
2001	0.16157	0.14415	89.22	0.01742	10.78	0.00786	0.00956
2002	0.16195	0.14486	89.45	0.01709	10.55	0.00671	0.01038
2003	0.17329	0.15432	89.05	0.01898	10.95	0.00787	0.01110
2004	0.16897	0.14951	88.48	0.01946	11.52	0.00811	0.01134
2005	0.17346	0.15415	88.87	0.01931	11.13	0.00753	0.01178
2006	0.17389	0.15061	86.61	0.02328	13.39	0.01043	0.01285
2007	0.18088	0.15475	85.55	0.02613	14.45	0.01281	0.01332
2008	0.17294	0.14592	84.38	0.02702	15.62	0.01127	0.01575
2009	0.17334	0.14341	82.74	0.02993	17.26	0.01285	0.01707
2010	0.17424	0.14096	80.90	0.03329	19.10	0.01458	0.01871
2011	0.16458	0.12965	78.78	0.03493	21.22	0.01581	0.01912
2012	0.15460	0.11905	77.01	0.03555	22.99	0.01653	0.01902
2013	0.12409	0.08710	70.19	0.03699	29.81	0.01927	0.01773
2014	0.11928	0.08274	69.37	0.03654	30.63	0.01970	0.01684

数据来源:2013 年和 2014 年各市州的农村人均纯收入数据为农村居民人均可支配收入(元);全省农民人均收入指标名称为人均纯收入,为国家统计局湖南调查总队抽样调查数据;市州指标名称为人均可支配收入,根据各市县区抽样调查推算。

注:总体 T = 组间 T + 组内 T;组内 T = 城镇 T + 农村 T;组间贡献率 + 组内贡献率 =100%。

从表 3－2 的数据可以得到以下分析结果：湖南省城乡收入差距总体呈现上升趋势，变化较大。1997—2007 年的泰尔指数是一个迅速扩大的过程，从 0.12323 快速上升至 0.18088，上升幅度达到 46.78%；2008 年至 2010 年有小幅上升，泰尔指数从 0.17294 上升至 0.17424，2011 年至 2014 年逐年下降，由 2011 年的 0.16458 逐年下降至 2014 年的 0.11928。这和城乡收入绝对额、城乡收入比计算结果略有差异（城乡收入比 2007 年以来持续下降）。

为了准确验证湖南省1997—2014年城乡收入差距是否一直以来都是总体居民收入差距贡献最大的因素，根据表3－2分解数据绘制图3－4。根据图3－4可以发现组间（城乡之间）贡献率自1997—2010年一直占据绝对地位，达到80%以上（呈现缓慢下降趋势）；2011—2014年略微下降到80%以下，但仍远远超过组内贡献率。这说明湖南省城乡收入差距一直以来都是整体居民收入差距贡献最大的因素。

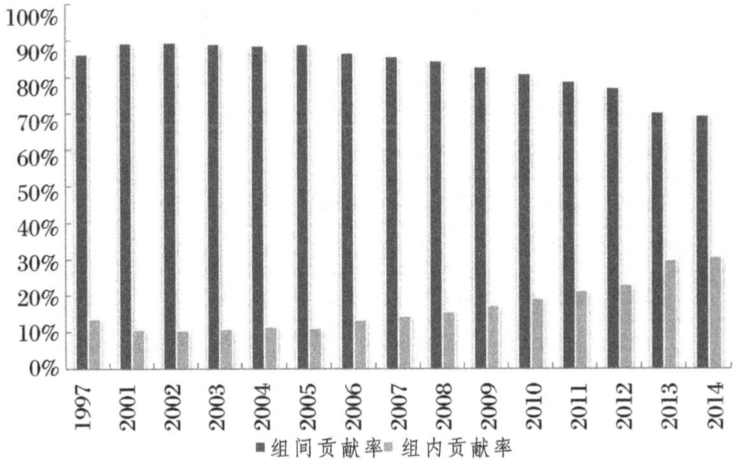

图3-4　湖南省总体泰尔指数分解

2. 湖南省四大经济区域城乡收入差距测度与分解

根据湖南省正在形成的区域特色和14个市州地域特点、资源优势、经济状况和发展态势，湖南县域经济已基本形成四大经济区域，即长株潭经济区（含长沙、株洲、湘潭三市）、环洞庭湖经济区（含岳阳、常德、益阳三市）、大湘西经济区（含湘西、邵阳、张家界、怀化四市州）、泛湘南经济区（含衡阳、郴州、永州、娄底四市）。本部分分析采取此分类方法测算四大区域的城乡收入差距。

表 3-3 湖南省四大区域泰尔指数测度与分解

年份	总体 T				T 值分解			
	长株潭	环洞庭湖	泛湘南	大湘西	组间 T	组间贡献率(%)	组内 T	组内贡献率(%)
1997	0.0901553	0.0594934	-0.001145	-0.03234	0.1063398	91.54	0.0098248	8.46
2005	0.1325682	0.0476086	0.0101494	-0.022271	0.154151	91.73	0.0139043	8.27
2006	0.1417335	0.0443022	0.0113889	-0.029613	0.1506095	89.75	0.017202	10.25
2007	0.150241	0.0473176	0.0174388	-0.039264	0.1547516	88.06	0.0209812	11.94
2008	0.1522203	0.0332012	0.0197091	-0.037114	0.1459204	86.85	0.0220962	13.15
2009	0.1558617	0.0332773	0.0186334	-0.040075	0.1434146	85.52	0.024283	14.48
2010	0.1772859	0.0239771	0.0094571	-0.042568	0.140956	83.83	0.0271956	16.17
2011	0.1756548	0.0195008	0.0083631	-0.044902	0.1296525	81.74	0.028964	18.26
2012	0.1715242	0.0169965	0.0069029	-0.046657	0.1190496	80.02	0.0297172	19.98
2013	0.170888	-0.002647	-0.005324	-0.045127	0.0871021	73.95	0.0306875	26.05
2014	0.1685922	-0.00324	-0.00702	-0.04532	0.082741	73.21	0.0302727	26.79

数据来源：根据湖南省1997—2014年统计年鉴数据计算。

从表3-3数据可以得到以下分析结果：四大经济区域城乡收入差距走势各有特点。从各区域泰尔指数大小总体变化趋势分析，长株潭经济区和泛湘南经济区收入差距持续性上升，环洞庭湖经济区持续下降，大湘西经济区先升后降，呈现“倒U”形特点。具体分析：长株潭经济区1997—2010年基本呈扩大趋势，从0.09016扩大至0.17729，扩大幅度为97%；2011—2014年则逐年下降，从0.17564下降至0.16859。环洞庭湖经济区波动幅度较大，从1997年的0.05949下降至2014年的-0.00324。泛湘南经济区变化趋势为先上升，后下降，在2008年达到峰值0.01971。大湘西经济区历年变化最小，变化阶段最多，基本在-0.05至-0.02之间波动。

根据表3-3数据绘制图3-5。

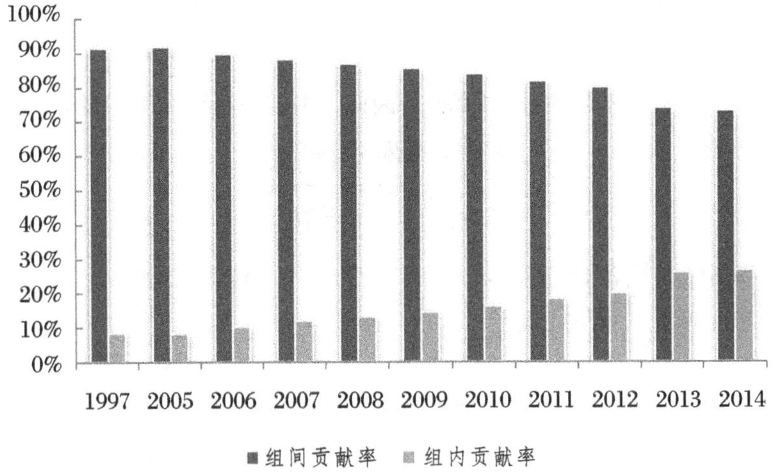

图 3-5　湖南省四大经济区域泰尔指数贡献率

数据来源：根据表 3－3 数据绘制。

根据图 3－5 可以发现，组间贡献率自 1997 年来一直占据绝对地位，远远超过了组内贡献率。这说明，湖南省分区域分析，发现城乡居民收入差距对总体居民收入差距贡献率很大，而且整体贡献幅度变化不大。

（三）湖南省城乡收入差距的区域收敛性检验

前文测度并分解了全省及四大区域城乡收入差距的大小，发现不同市州同时期的城乡收入差距水平存在明显差异，那么这种差异最终是否可能最终收敛于同一水平？是否会出现一个比较明显的变化趋势？由于一般收敛性检验主要考察不同地区（国家）人均收入水平差距的长期变化趋势是否趋同，因此本处借鉴 σ 收敛检验方法，检验湖南省城乡收入差距长期是否存在收敛趋势。

σ 收敛是指一个系统的各经济体收入分布的离散程度（标准差）随时间的推移而降低。其指标检验的突出优点是它能够运用简单的指标计算来表明区域收入增长不均衡的动态过程。常用截面数据的标准差和变异系数来检验是否存在 σ 收敛。

1. 城乡居民收入的截面数据标准差与变异系数比较分析

标准差是各数据偏离平均数的距离的平均数，它是离均差平方和平均后的方根，用σ表示，主要反映一个数据集的离散程度。变异系数也是反映数据离散程度的指标值，但可以消除单位和（或）平均数不同对两个或多个资料变异程度比较的影响。因此，本处采用标准差和变异系数两个指标进行检验。标准差计算公式如下：

$$\sigma = \sqrt{\frac{1}{N}\sum_{i=1}^{N}(x_i - \mu)^2} \tag{3.3}$$

其中，N代表14个观测个体即14个市州，σ即标准差。

变异系数的计算公式为：

$$\text{变异系数} = (\text{标准差} \div \text{平均值}) \times 100\% \tag{3.4}$$

（1）标准差和变异系数的计算结果。根据湖南省14个市州1997—2014年截面数据和式（3.3）、式（3.4）计算各指标的标准差和变异系数，如表3－4所示。

表3－4　1997—2014年湖南省城乡收入差距区域差异及截面标准差和变异系数

年份	T指数		城镇居民人均可支配收入		农村居民人均纯收入	
	标准差(元)	变异系数	标准差(元)	变异系数	标准差	变异系数
1997	0.01895	2.1524	849.7	0.16957	428.1	0.22190
2001	0.02462	2.1330	1 097.8	0.16940	523.1	0.23100
2002	0.02428	2.0990	1 035.8	0.15270	575.4	0.24360
2003	0.02619	2.1157	1 194.1	0.16150	652.8	0.26100
2004	0.02562	2.1224	1 359.7	0.16380	772.6	0.26990
2005	0.05178	2.1179	1 430.0	0.15383	892.6	0.28342
2006	0.02852	2.2961	1 831.5	0.18457	1 040.4	0.30269
2007	0.03015	2.3336	2 250.5	0.19610	1 248.0	0.32151
2008	0.02975	2.4085	2 293.3	0.18129	1 559.3	0.35344
2009	0.03131	2.5285	2 684.5	0.19189	1 849.3	0.37504
2010	0.03651	2.9333	3 080.1	0.19707	2 255.0	0.40016
2011	0.03632	3.08940	3 681.1	0.20703	2 753.2	0.41072
2012	0.03551	3.21543	4 309.6	0.21354	3 273.1	0.41401
2013	0.03685	4.15686	4 913.7	0.23122	3 827.7	0.39351
2014	0.03654	4.28868	5 391.6	0.23250	4 212.2	0.38923

数据来源：T指数标准差和变异系数根据表3－2数据计算；城镇居民人均可支配收入和农村居民人均纯收入的标准差和变异系数来自于湖南省1997—2014年各年统计年鉴。

（2）标准差和变异系数的对比分析。为了更直观地比较分析城乡收入差距的发展演变趋势，根据表3－4分别绘制城镇居民可支配收入的标准差和变异系数、农村居民人均纯收入的标准差和变异系数以及泰尔指数的标准差和变异系数。具体如图3－6、图3－7和图3－8所示。

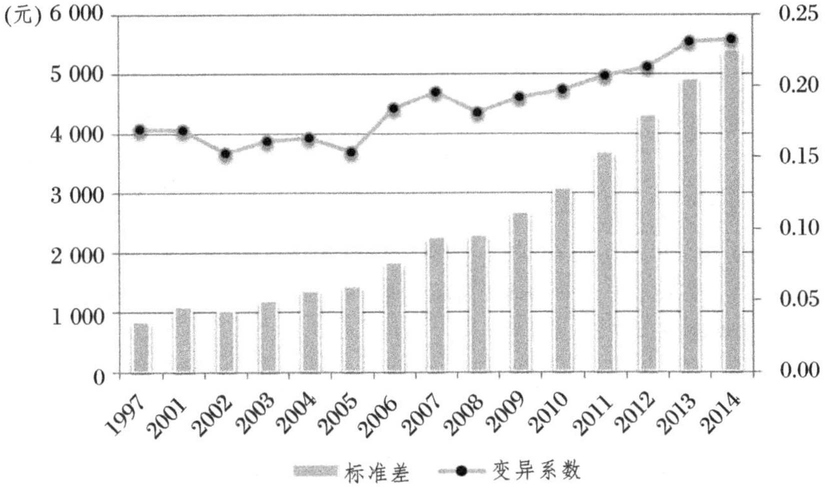

图3-6　湖南省城镇居民可支配收入的标准差和变异系数

数据来源：根据表3－4数据绘制。

从图3－6可以清楚看出，城镇居民可支配收入的标准差一直呈现发散趋势，1997—2011年扩大了3.98倍。变异系数在大多数年份呈现出比较明显的发散趋势，在2002年、2005年和2008年存在短期波动，仅在2002—2005年出现小幅收敛。因此，可以基本判断，1997—2010年，湖南省城镇居民可支配收入不存在σ收敛。但从2010年起，变异系数出现了很小幅度的收敛趋势。

观察图3－7也会发现湖南省农村居民人均纯收入的标准差出现类似的规律，即一直呈现发散趋势，1997—2011年扩大了6.43倍，发散幅度较城镇居民多了2.45倍，即农村居民标准差发散幅度较大。从变异系数来看，则出现了单边上升即持续发散趋势。因此可以得出结论：农村居民人均纯收入1997—2011年间始终不存在σ收敛。

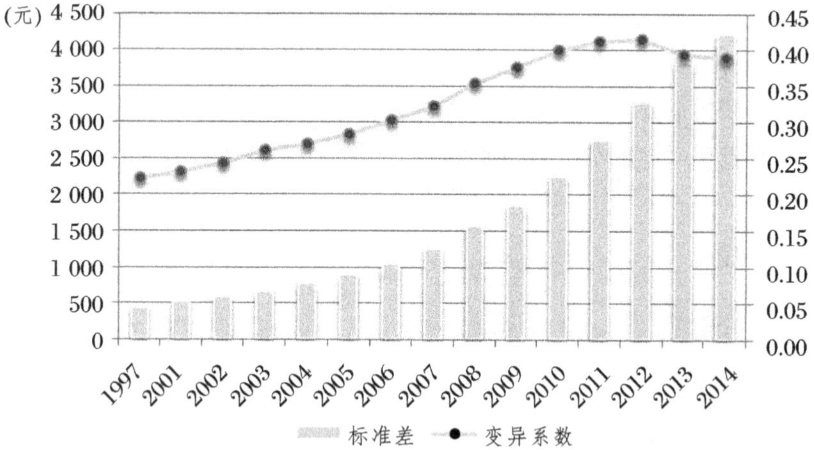

图 3-7 湖南省农村居民人均纯收入的标准差和变异系数

数据来源:根据表 3 -4 数据绘制。

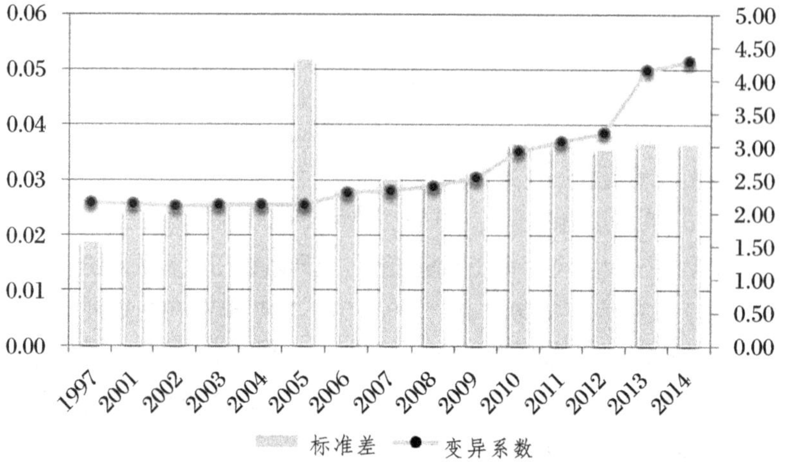

图 3-8 湖南省泰尔指数的标准差和变异系数

数据来源:根据表 3 -4 数据绘制。

最后，观察图 3 -8 可知，湖南省泰尔指数的标准差呈现出明显的波动趋势，1997—2005 年明显呈现发散趋势；2005 年达到最高值 0. 05178，较之 1997 年扩大了 2. 83 倍，之后开始迅速下降；2006—2010 年缓慢发散，到 2011 年至 2014 年又出现了小幅收敛趋势。

2. σ 收敛的基本判断

（1）从标准差分析结果来判断，城镇居民可支配收入、农村居民人均纯收入在整个样本期均不存在 σ 收敛，但代表城乡居民收入差距的泰尔指数标准差则存在具体时间段的发散和收敛趋势。同时，从标准差的变化幅度来看，农村居民人均纯收入的标准差扩大幅度最大，为 6.43 倍，远远高于城镇居民收入的区域间差异。

（2）从变异系数分析结果可基本判断出，农村居民人均纯收入和湖南省泰尔指数基本呈现发散趋势，城镇居民可支配收入出现小幅波动，近两年出现了收敛趋势。

（四）结论

（1）泰尔指数测度结果表明，湖南省城乡收入差距仍然在扩大。湖南省 4 个经济区域和 14 个市州的城乡居民收入差距整体上也处于缓慢扩大趋势，但各区域及各市州具体变化轨迹不同，变动趋势不均衡，上升和下降同时存在，且长株潭上升最快，泛湘南下降最为迅速。

（2）泰尔指数分解结果表明，湖南省、4 个经济区域的城乡收入差距对总体居民收入差距贡献率均最大，此规律在湖南省内一直存在。由于城乡收入差距对总体收入差距贡献最大，因此难以得出湖南省总体居民收入差距下降的结论。

（3）σ 收敛检验结果表明，湖南省泰尔指数基本呈现发散趋势，没有出现明显的收敛趋势。湖南省区域内城乡收入差距在短期内难以达成一致，很难得出湖南省总体居民收入差距出现下降拐点的结论。

第四章　财政支出制度影响城乡收入差距的效果分析

财政支出制度（政策）是实现财政政策目标的重要政策工具，是政府进行宏观经济调控的重要政策杠杆。财政支出和城乡收入差距的关系，从根本上来说，由相关的理论来支撑和展现，更为深刻和系统地从本质上揭示财政支出和城乡收入差距的内在关系和规律，可以对收入分配问题做出合理的解释，为缩小城乡收入差距提供制定财政政策的依据。

第一节　财政支出制度调节城乡收入差距机理

一、财政支出总量调节城乡收入差距的机理分析

（一）财政支出对收入的调节是经济发展不同阶段的客观需要

马斯格雷夫从经济发展的角度出发，认为不同发展阶段的财政支出主要项目存在差异化的特性。该观点经过不断补充和完善，最终形成经济发展阶段理论。经济发展阶段理论表明，随着经济的发展，在财政支出总量增长的同时，其结构也会发生显著的变化。在经济发展早期阶段，财政支出主要集中在购买性支出，特别是对城市公共基础设施投资的需求很大，而以社会保障为代表的转移性支出的增长十分缓慢。政府制定的

财政政策重效率轻公平，或多或少忽略了农村地区的经济发展，农村居民的收入水平较低且增长缓慢。这导致城乡收入差距不断扩大，收入差距问题得不到有效解决。在经济发展成熟阶段，经济的繁荣和社会的进步带动了政府职能观念的新转变，政府开始承担越来越多的社会责任，从而促使转移性支出迅速增长。而转移性支出本身就具有体现公平的优势和传统。转移性支出保障了社会弱势群体和低收入群体的基本生活水平，使得城乡收入差距得到了有效缓解和控制。而经济发展中期正好介于经济发展早期阶段和成熟阶段之间，具有很强的过渡特征。

（二）财政支出对收入分配具有显著的乘数效应

财政支出特别是转移性支出对收入分配往往具有加倍递增的功效；财政支出对收入分配的倾斜往往能达到事半功倍的效果；财政支出对收入分配具有乘数效应。

财政支出对收入分配的乘数效应主要体现在政府转移性支出乘数上。政府转移性支出乘数是指财政转移性支出增加百分之一，导致国民收入相应增加百分之几。政府转移性支出乘数的基本公式如下：

$$K_{tr} = \frac{b}{1 - b(1 - t)}$$

其中 K_{tr} 为转移性支出乘数，b 为边际消费倾向，t 为税率，即财政转移性支出增加 1%，收入就会增加 K%。这对政府有效利用财政资金和居民增加收入两方面可谓“双赢”。更重要的是，转移性支出本身能对收入分配产生更为直接的影响，对居民的增收是实实在在的，更加体现了社会公平。如果持续增加转移性支出，则很可能会引起大规模的缩小收入差距的浪潮，不断加速循环。

购买性支出也会给收入分配带来间接影响。政府消费对促进收入公平分配的作用主要体现在通过政府采购加大对产品的购买，从而增加居民的收入。购买性支出同样具有乘数作用，即政府增加支出时，国民收入成倍增加，购买性支出乘数可以表示为：

$$K_1 = \frac{1}{1 - b}$$

其中，K_1 为购买性支出乘数，b 为边际消费倾向。

因此，如果政府在商品质量、规格等一致的情况下，优先购买农产品，可以带来国民收入的成倍增加，也可以直接增加农民收入、缩小城乡收入差距。

二、财政支出结构影响城乡收入差距的机理分析

财政支出结构是指财政支出总额中各类支出的组合以及各类支出在支出总额中所占的比重，也称财政支出构成。简单来说，财政支出结构是各类财政支出占总支出的比重。财政支出结构的分类标准较多，如项目结构、级次结构和地区结构等。本处的机理分析选择以下两类常用标准进行说明。

(一)财政支出经济性质结构影响城乡收入差距的机理

按照经济性质分类（按照财政支出是否获得等价补偿为标准分类），财政支出政策主要包括购买性支出和转移性支出政策。在“十二五”和“十三五”规划中，国家和各地区都鼓励支持两型经济发展。两型财政支出政策的典型特点就是重点扶持低碳经济和绿色经济，这类经济具有持续快速发展的特色，能够保证居民收入稳定增加，具有长久的收入调节作用。

1. 购买性支出政策

购买性支出指政府等公共部门作为购买者，使用财政资金以有偿购买的方式取得为实现政府职能所需要的商品与劳务类财政支出，一般包括基本建设支出、农业支出、文教科卫支出等。购买性支出对收入分配有间接性影响，但不同类别的购买性支出对收入分配的影响也不同。基本建设支出具有很强的目的性，可以选择重点需要鼓励和扶持的地区和产业。接受政府投资的地区和产业首先会增加总需求，继而会间接提高收入水平，加上政府投资具有巨大的乘数效应，对落后地区的生产、消费、收入均具有明显的影响。文教科卫支出是针对公平起点情况而设置的，政府为每位公民创造的平等教育机会和平等的医疗保障条件都是针对起点公平的，为实现结果公平创造条件，是实现社会公平和缩小收入差距的重要因素。农业支出是各国扶持和保护农业的普遍性政策工具，尤其在我国各

地方存在较大的城乡收入差距的背景下，财政支农支出可以对调节城乡收入差距起到重要作用。

2. 转移性支出政策

转移性支出政策主要是政府把一部分财政资金转移到社会保障、社会福利和财政补贴等费用的支付上，一般包括社会保障支出、财政补贴支出等。其作用在于直接增加微观主体购买力，使其有能力在市场上购买商品和劳务。这是调控城乡收入差距、实现社会公平的直接财政政策工具，因为其对收入分配的影响是直接的。各类社会保障支出体现了个人收入自我平衡的特征，财政普遍为公民提供社会保障提高了领受人的收入水平。社会福利救济支出是典型的提高低收入者收入水平的支出工具，会增进低收入群体的利益。

（二）财政支出项目结构影响城乡收入差距的机理

财政支出项目结构指国家财政将财政资金进行分配使用，以满足经济建设和各项事业的需要，主要包括一般公共服务、外交、国防、公共安全、教育、科学技术、文化体育与传媒、社会保障和就业等方面的支出。

本章在实证分析中为了说明全国范围内的财政支出对城乡收入差距的影响，最终选择按项目结构的标准进行分类。由于财政支出项目较多，一些支出的数据前后口径不相一致，同时还要考虑不同财政支出对城乡收入差距的差异化影响，故本章主要选择部分具有代表性的财政支出项目：科教文卫支出代表购买性支出；一般公共服务支出作为中外财政支出结构最大的区别和最明显的特例；社会保障支出在整个转移性支出中比重最大、最具代表性。进行中部地区和湖南省典型分析时，对财政支出数据的选择结合分析对象的具体情况进行了适当调整，具体参考本章第三节和第四节。

1. 科教文卫支出

科教文卫由于具有明显的外部性，大部分为纯公共物品，是促进社会公平的重要工具。科教文卫支出使社会每个公民都能平等地享有受教育的权利，不仅可以提高全民的素质水平，更重要的是对农村低收入群体开放了最为公平的上升渠道，在当今知识经济主导的时代无疑对缩小城乡收入差距意义重大。因此，我们对此暂时做出预测：科教文卫支出能缩小和有效调节城乡收入差距。

2. 一般公共服务支出

一般公共服务支出主要是“三公”经费支出。一般公共服务支出比重较大说明政府办公机构臃肿，政府效率低下，政府寻租存在较大的空间。一般公共服务支出使社会极少部分人从中获得利益，挤占了社会大部分人的财富，本身却没有创造与之相匹配的价值和财富，不能有效地调节收入的再分配，因此必定会扩大收入差距。因此，我们对此暂时做出预测：一般公共服务支出加剧和扩大了城乡收入差距。

3. 社会保障支出

社会保障支出为最主要的转移性支出项目。转移性支出对城乡收入差距的调整的主要贡献就是通过社会保障支出实现的。社会保障支出能够保障农村低收入群体的基本生活水平，为全民提供均等化的公共服务，相对减轻了农村低收入群体的生活压力和负担，体现了政府通过财政支出对民生的关怀和对“三农”问题的高度重视，可以反映我国农村低收入者的福利水平。因此，我们对此暂时做出预测：社会保障支出能够缩小和有效调节城乡收入差距。

第二节　全国财政支出制度影响城乡收入差距的实证分析

一、全国财政支出制度现状描述

改革开放以来，我国财政支出总量增长幅度巨大，对经济发展的各个环节均产生了重要的影响。财政支出现状描述可以真实反映我国财政支出制度的具体情况，以寻找财政支出制度发展变化的规律和趋势，这对如何利用财政支出政策缩小城乡收入差距具有启迪性和针对性，对该问题的解决具有很强的现实参考价值。为了更准确地测度财政支出制度对城乡收入差距的影响大小，本章从全国、中部地区以及湖南省三个维度，范围由大到小，逐一进行实证分析和检验，以期得出典型的量化政策结论。

(一)我国财政支出总量现状描述与分析

财政支出规模可以分为绝对规模和相对规模，其中，财政支出绝对规模以财政支出总量来表示，财政支出相对规模以财政支出占 GDP 的比重来表示。 在现状描述部分，本章从绝对和相对两个角度进行全面分析，但在实证分析部分，只采用常用的财政支出相对规模这个指标进行测度。

1. 财政支出总量绝对规模分析

我国财政支出总量从 1978 年的 1 122.09 亿元增长到 2015 年 175 768 亿元（财政部网站初步数据），增长了 155 倍多，绝对值增长幅度巨大。 37 年中，年均增长速度超过两位数的长达 30 年。 具体数据参考表4 –1。

表4 –1　全国财政支出规模与变化趋势

年份	财政支出总额		GDP		弹性系数	边际倾向值
	值(亿元)	增速(%)	值(亿元)	增速(%)		
1978	1 122.09	33	3 650.2	11.6	2.8	0.6
1979	1 281.79	14.2	4 067.7	7.6	1.9	0.4
1980	1 228.83	–4.1	4 551.6	7.9	–0.5	–0.1
1981	1 138.41	–7.5	4 898.1	5.1	–1.5	–0.3
1982	1 229.98	8	5 333.0	9	0.9	0.2
1983	1 409.52	14.6	5 975.6	10.8	1.4	0.3
1984	1 701.02	20.7	7 226.3	15.2	1.4	0.2
1985	2 004.25	17.8	9 039.9	13.5	1.3	0.2
1986	2 204.91	10	10 308.8	8.9	1.1	0.2
1987	2 262.18	2.6	12 102.2	11.7	0.2	0.0
1988	2 491.21	10.1	15 101.1	11.3	0.9	0.1
1989	2 823.78	13.3	17 090.3	4.2	3.2	0.2
1990	3 083.59	9.2	18 774.3	3.9	2.4	0.2
1991	3 386.62	9.8	21 895.5	9.3	1.1	0.1

续表

年份	财政支出总额		GDP		弹性系数	边际倾向值
	值(亿元)	增速(%)	值(亿元)	增速(%)		
1992	3 742.20	10.5	27 068.3	14.3	0.7	0.1
1993	4 642.30	24.1	35 524.3	13.9	1.7	0.1
1994	5 792.62	24.8	48 459.6	13.1	1.9	0.1
1995	6 823.72	17.8	61 129.8	11	1.6	0.1
1996	7 937.55	16.3	71 572.3	9.9	1.6	0.1
1997	9 233.56	16.3	79 429.5	9.2	1.8	0.2
1998	10 798.18	16.9	84 883.7	7.8	2.2	0.3
1999	13 187.67	22.1	90 187.7	7.6	2.9	0.5
2000	15 886.50	20.5	99 776.3	8.4	2.4	0.3
2001	18 902.58	19	110 270.4	8.3	2.3	0.3
2002	22 053.15	16.7	121 002.0	9.1	1.8	0.3
2003	24 649.95	11.8	136 564.6	10	1.2	0.2
2004	28 486.89	15.6	160 714.4	10.1	1.5	0.2
2005	33 930.28	19.1	185 895.8	11.3	1.7	0.2
2006	40 422.73	19.1	217 656.6	12.7	1.5	0.2
2007	49 781.35	23.2	268 019.4	14.2	1.6	0.2
2008	62 592.66	25.7	316 751.7	9.6	2.7	0.3
2009	76 299.93	21.9	345 629.2	9.2	2.4	0.5
2010	89 874.16	17.8	408 903.0	10.6	1.7	0.2
2011	109 247.79	21.6	484 123.5	9.5	2.3	0.3
2012	125 952.97	15.3	534 123.0	7.7	2.0	0.3
2013	140 212.10	11.3	588 018.8	7.7	1.5	0.3
2014	151 785.56	8.3	636 138.7	7.3	1.1	0.2
2015	175 768	15.8	676 708	6.9	2.3	0.6

数据来源:1978—2014年数据根据各年中国统计年鉴;整理而得,2015年财政支出数据来源于财政部《2015年财政收支情况》;2015年GDP数据为国家统计局初步核算数。

从财政支出弹性值来分析，37 年中有 31 年超过标准值 1，说明财政支出增长速度远远超过 GDP 增长速度，对国家经济的高速发展起到了极大的促进作用。另外有 6 年的弹性系数虽然小于 1，但是 1982 年和 1988 年为0.9，接近 1 的标准值。总体来看，财政支出对经济发展的贡献是巨大的。

从财政支出边际倾向值来分析，大于或等于 0.5 的有 5 年，除了 1987 年外，各年比值都在 0.1 以上（即大于 10%），充分说明随着每单位 GDP 增长，财政支出增长幅度更大，对经济影响效应更强。

结合财政支出规模、增长速度、弹性系数和边际倾向等相对变化指标来分析，可以得出一个明确的结论：财政支出政策对我国改革开放以来经济发展影响巨大，对经济发展过程中的投资、储蓄、收入分配等经济环节的影响也不容忽视。

2. 财政支出总量相对规模分析

图 4-1 全国财政支出相对规模变化趋势

数据来源：1978—2014 年数据根据各年中国统计年鉴整理而得；2015 年财政支出数据来源于财政部《2015 年财政收支情况》；2015 年 GDP 数据为国家统计局初步核算数。

从图 4 -1 可知，我国财政支出相对规模大致经历了先下降再上升的

"V"形变化过程。在1978—1996年，财政支出占GDP的比重总体呈下降趋势，在1996年达到历史的最低值11.15%；在1997—2015年，财政支出占GDP的比重总体呈上升趋势；2015年我国财政支出占GDP的比重已经高达25.97%。若加上预算外的财政支出，则财政支出占GDP的比重会更高，表明我国在经济发展和调节收入分配方面越来越依靠政府财政支出的手段来实现其目标。

(二)财政支出结构描述与分析

1. 我国财政支出主要项目结构分析

根据前文财政支出结构的选取依据，同时为了兼顾数据收集和实证分析的需要，仅对财政支出结构中的科教文卫支出（包括教育支出、科学技术支出、文化体育与传媒支出、卫生与医疗支出四项合计）、一般公共服务支出和社会保障支出进行重点分析，这三类支出与城乡收入差距在实证分析中有密切的联系。

表4-2　全国财政支出主要项目结构

年份	科教文卫支出		一般公共服务支出		社会保障支出	
	总额(亿元)	比例(%)	总额(亿元)	比例(%)	总额(亿元)	比例(%)
1978	112.66	10.04	49.09	4.37	18.91	1.69
1979	132.07	10.30	57.24	4.47	22.11	1.72
1980	156.26	12.72	66.79	5.44	20.31	1.65
1981	171.36	15.05	70.88	6.23	21.72	1.91
1982	196.96	16.01	81.60	6.63	21.43	1.74
1983	223.54	15.86	102.20	7.25	24.04	1.71
1984	263.17	15.47	125.23	7.36	25.16	1.48
1985	316.70	15.80	130.58	6.52	31.15	1.55
1986	379.93	17.23	168.03	7.62	35.58	1.61
1987	402.75	17.80	179.33	7.93	37.40	1.65
1988	486.10	19.51	220.89	8.87	41.77	1.68
1989	553.33	19.60	261.86	9.27	49.60	1.76

续表

年份	科教文卫支出		一般公共服务支出		社会保障支出	
	总额(亿元)	比例(%)	总额(亿元)	比例(%)	总额(亿元)	比例(%)
1990	617.29	20.02	303.10	9.83	55.04	1.78
1991	708.00	20.91	343.60	10.15	67.32	1.99
1992	792.96	21.19	424.58	11.35	66.45	1.78
1993	957.77	20.63	535.77	11.54	75.27	1.62
1994	1 278.18	22.07	729.43	12.59	95.14	1.64
1995	1 467.06	21.50	872.68	12.79	115.46	1.69
1996	1 704.25	21.47	1 040.80	13.11	182.68	2.30
1997	1 903.59	20.62	1 137.16	12.32	328.42	3.56
1998	2 154.38	19.95	1 326.77	12.29	595.63	5.52
1999	2 408.06	18.26	1 525.68	11.57	1 197.44	9.08
2000	2 736.88	17.23	1 787.58	11.25	1 517.57	9.55
2001	3 361.02	17.78	2 197.52	11.63	1 987.40	10.51
2002	3 979.08	18.04	2 979.42	13.51	2 636.22	11.95
2003	4 505.51	18.28	3 437.68	13.95	2 655.91	10.77
2004	5 143.65	18.06	4 059.91	14.25	3 116.08	10.94
2005	6 104.18	17.99	4 835.43	14.25	3 698.86	10.90
2006	7 425.98	18.37	5 639.05	13.95	4 361.78	10.79
2007	11 793.96	23.69	8 514.24	17.10	5 447.16	10.94
2008	14 992.20	23.95	9 795.92	15.65	6 804.29	10.87
2009	18 569.32	24.34	9 164.21	12.01	7 606.68	9.97
2010	22 147.08	24.64	9 337.16	10.39	9 130.62	10.16
2011	29 617.2	27.11	10 987.78	10.06	11 109.40	10.17
2012	35 208.19	27.95	12 700.46	10.08	12 585.52	9.99
2013	37 910.35	27.04	13 755.13	9.81	14 490.54	10.33
2014	41 224.45	27.16	13 267.50	8.74	15 968.85	10.52

数据来源:1978—2014 年数据来源于各年中国统计年鉴。

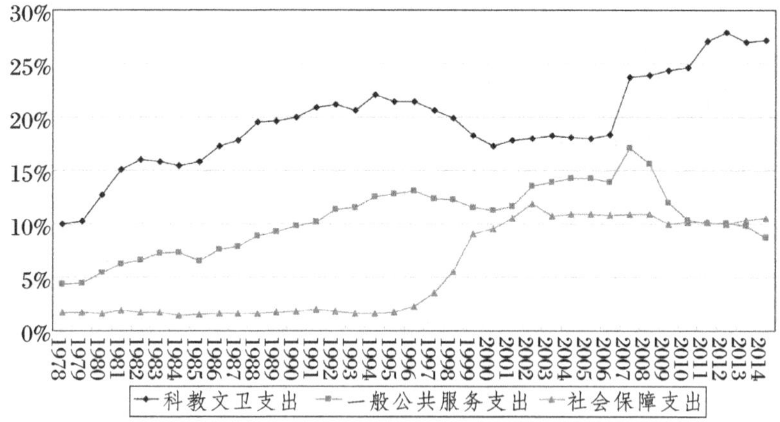

图 4–2 全国财政支出主要项目结构

数据来源:1978—2014 年数据根据各年中国统计年鉴整理而得。

由表 4 -2 和图 4 -2 的趋势可知，从财政支出结构的各个支出比重的变化可以看出政府财政支出政策的侧重点的变化。虽然从总量上来看，科教文卫支出、一般公共服务支出和社会保障支出都是逐年增加的，如科教文卫支出总量从 1978 年的 112.66 亿元增加至 2014 年的 41 224.45 亿元，增长了 364 倍多；社会保障支出总量从 1978 年的 18.91 亿元增长到 2014 年的 15 968.85 亿元，增长了 843 倍多；而一般公共服务支出从 1978 年的 49.09 亿元增长到 2014 年的 13 267.50 亿元，增长了 269 倍多。三类支出增长倍数均超过了整体财政支出增长倍数（2014 年整体财政支出总量是 1978 年的 135 倍），其中社会保障支出倍数超过全国财政支出倍数高达 708，是三大类支出中增长幅度最大的。从各类财政支出占整个财政支出的比重来分析，变化轨迹有较大差异。科教文卫支出和社会保障支出比例整体呈现上升趋势，2012 年科教文卫支出的比重已经高达 27.95%，2007 年以来比例一直维持在 23% 以上。科教文卫支出比重的变化反映出政府希望在经济结构转型的背景下，通过增加教育投入，提升人力资本价值和收益，有效改善资本边际效用递减现象，持久获得更高的经济效益。社会保障支出自 1978 年以来基本呈现不断增加的总趋势，2000 年以后变化比较稳定，社会保障支出比重基本上控制在 10% 左右，反映了我国政府在注重经济发展的同时也越来越重视社会保障，以凸显社会公平。

一般公共服务支出所占的比重大致经历了先上升后下降的变化趋势，基本呈现“倒U”形变化趋势，特别是2001年以来基本上有效地控制在10%左右，反映出政府效率的提高和对市场地位的主动让位。

总之，三类支出的变化轨迹基本合理，体现了国家财政重民生支出、提升公共服务效率、降低一般公共服务成本的基本趋势，与世界发达国家财政支出项目结构变化趋势基本一致。

2. 我国财政支出地区结构分析

由于我国幅员辽阔，经济发展差异巨大，因此，财政支出地区结构差异也非常明显。通过综合考虑全国各地经济发展的基本条件以及现有的生产力发展水平、地理位置特征，把全国划分为东部、中部、西部、东北地区四个区域，其中东部地区包括北京、天津、河北、山东、上海、江苏、浙江、福建、广东、海南；中部地区包括山西、安徽、江西、河南、湖北、湖南、内蒙古；东北地区包括辽宁、吉林、黑龙江；其他11个省、市、自治区划分为西部地区，具体包括广西、重庆、四川、贵州、云南、西藏、陕西、甘肃、青海、宁夏、新疆。

为了更好地体现出地区差异，根据财政支出总体差异和项目地区差异进行分析。

（1）财政支出地区结构总体差异。

表4－3　我国财政支出地区结构(%)

地区	2007年	2008年	2009年	2010年	2011年	2012年	2013年	2014年	平均比例
东部地区	44.21	42.11	40.87	40.85	40.17	39.27	39.56	39.76	40.85
中部地区	22.92	22.99	23.59	23.46	23.91	24.30	24.37	24.37	23.74
西部地区	22.87	25.00	25.64	25.89	26.32	26.91	26.62	27.02	25.78
东北地区	10.00	9.90	9.89	9.79	9.60	9.52	9.45	8.84	9.62

资料来源：根据国家统计年鉴的数据计算得出（计算方法：各区域当年的财政支出总和/全国当年的总财政支出）。

通过表4-3数据分析得知，近8年来我国东部地区财政支出占全国财政支出总额的比重居高不下，财政支出结构平均比例高达40.85%，但总体有减少的趋势，从2011年开始东部地区财政支出结构比例低于东部地区8年来的平均比例。西部地区财政支出呈逐年上涨趋势，由2007年的22.87%上涨至2014年的27.02%，平均比例达到25.78%，除2007年、2008年、2009年三年的财政支出小于平均结构比例外，2010年开始的5年的财政支出均有所上涨。而中部、东北地区在我国总体财政支出比例相对较少，中部地区所占比例曲折向上，东北地区的财政支出却逐年下降，由2007年的10.00%下降到2014年的8.84%。综合区域间的财政支出情况可知，我国东部地区的财政支出规模相对较大，西部地区次之，而东北地区最小。

（2）财政支出地区主要项目结构差异。除财政支出总量存在较大区域差异外，各区域间主要财政支出项目也存在较大差异。首先，社会保障和就业支出区域结构差异较大。

表4-4　社会保障与就业支出占财政支出结构(%)

年份	东部地区	中部地区	西部地区	东北地区	平均比例
2007	4.53	3.60	3.17	2.02	3.33
2008	4.27	3.53	3.49	1.82	3.28
2009	3.95	3.51	3.58	1.82	3.22
2010	3.81	3.19	3.20	1.54	2.94
2011	3.74	3.05	3.19	1.45	2.86
2012	3.70	3.01	3.10	1.39	2.80
2013	3.77	3.16	3.20	1.44	2.89
2014	3.84	3.21	3.30	1.46	2.95
平均比例	3.95	3.28	3.28	1.62	3.03

资料来源:根据国家统计年鉴的数据计算得出(计算方法:各区域当年的社会保障与就业支出总和/全国当年的总财政支出)。

据表4-4数据可知，我国区域内社会保障与就业支出8年平均比值为3.03%，社会保障与就业支出约占总支出的25%，整体比例呈先下降后上升的变化趋势。仅2007年、2008年、2009年三年高于平均比例，其余各年均低于平均比例。东部地区所占比例相对较大，8 年平均比例达 3.95%，比平均比例高 0.92%。东北地区所占比例相对较小，较平均比例低 1.41 个百分点。西部地区分别经历上升、下降、上升三个阶段，在 2009 年达到峰值 3.58。

其次，科教文卫支出区域结构差异明显。由表 4－5 数据分析得出，我国科教文卫支出占我国财政总支出的结构比例相对较大，8 年平均占财政支出的 6.92%。科教文卫支出整体呈现增长趋势，区域内的科教文卫支出占财政支出比例最小的是东北地区，仅占 2.25%，且从 2009 年开始所占比例呈现平缓状态，2010 年开始出现上涨；东部地区科教文卫支出所占比例相对较大，平均比例达到 12.22%；中部地区的科教文卫支出比例相对增长幅度较大，从 2007 年的 5.91% 上涨到 2014 年的 6.97%，增长幅度达 1.06%，且从 2011 年开始科教文卫支出所占比例大于 8 年来的平均值；西部地区同中部地区相同，从 2011 年开始支出比例大于平均值；东部、东北地区均从 2012 开始大于平均值。

表 4－5　科教文卫支出占我国财政支出结构(%)

年份	东部地区	中部地区	西部地区	东北地区	平均比例
2007	12.62	5.91	6.03	2.34	6.73
2008	12.24	6.02	6.32	2.30	6.72
2009	11.78	6.15	6.44	2.41	6.70
2010	11.83	6.00	6.45	2.16	6.61
2011	11.96	6.54	6.75	2.19	6.86
2012	12.46	7.16	7.46	2.42	7.38
2013	12.36	6.87	7.13	2.17	7.13
2014	12.54	6.97	7.27	2.03	7.20
平均比例	12.22	6.45	6.73	2.25	6.92

资料来源：根据国家统计年鉴的数据计算得出（计算方法：各区域当年的医疗卫生支出总和/全国当年的总财政支出）。

最后，一般公共服务支出区域结构差异显著。由表 4－6 数据可知，我国区域内一般公共服务支出 8 年平均值为 3.07%，整体比例逐年上升，由2007年的2.36%增长至2014年的4.14%。区域内的一般公共服务支出占财政支出比例最小的是东北地区，仅占1.09%。虽然东北地区的占比逐年上涨，但增长幅度相对较小。东部地区一般公共服务支出增长幅度较大，从2007年的3.58%上涨到2014年的6.84%，提高3.26个百分点。中部地区与西部地区平均比例较为相近，分别为3.14%、3.17%，并且均从2012年开始大于8年来的平均值。

表4-6　一般公共服务支出占我国财政支出结构(%)

年份	东部地区	中部地区	西部地区	东北地区	平均比例
2007	3.58	2.50	2.64	0.73	2.36
2008	4.02	2.79	2.97	0.87	2.66
2009	4.17	2.83	2.98	0.94	2.73
2010	4.32	2.78	2.80	0.97	2.72
2011	4.73	2.87	2.86	1.05	2.88
2012	5.27	3.45	3.30	1.21	3.31
2013	6.17	3.77	3.73	1.47	3.79
2014	6.84	4.12	4.09	1.51	4.14
平均比例	4.89	3.14	3.17	1.09	3.07

资料来源:根据国家统计年鉴的数据计算得出(计算方法:各区域当年的一般公共服务支出总和/全国当年的总财政支出)。

3. 我国财政支出层级结构分析

财政支出层级结构指根据政府在经济和社会活动中的不同职权，将财政支出划分为中央财政支出和地方财政支出。中央财政支出包括一般公共服务、外交支出、国防支出、公共安全支出，以及中央政府调整国民经济结构、协调地区发展、实施宏观调控的支出等。地方财政支出包括一般公共服务、公共安全支出、地方统筹的各项社会事业支出等。

(1)中央和地方财政支出层级结构分析。我国从1994年开始实行分税制财政体制，通过划分税种和财权的方式规范中央和地方政府财税行为，因此，财政支出层级结构从1994年开始分析比较具有代表性。中央财政财政支出总量从1994年的1 754.43亿元增长到2014年的22 570.07

亿元，增长了约12倍；中央财政支出比重从1994年的30.3%下降到2014年的14.9%，下降幅度达到15.4%。中央财政支出总量虽然呈现上升趋势，但比重却持续下降，2011年至今，中央财政支出比重基本维持在15%左右。地方财政支出总量从1978年的4 038.19亿元增长到2014年的129 215.49亿元，增长了约31倍。地方财政支出比重从1994年的69.7%上升到2014年的85.1%，一直呈持续上升趋势，增长幅度约15.4%，2009年至今，总体稳定在80%以上的水平。从中央和地方财政支出层级结构分析来看，中央基本呈现下降趋势，地方刚好相反。由于地方政府主要执行资源配置职能，地方政府财政支出比重越高，意味着国家财政支出总体上更加侧重效率，重视资源配置和经济发展；而中央政府主要执行收入公平分配职能，中央政府财政支出比重越低，则意味着国家财政在一定程度上忽视了公平分配职能，不利于城乡收入差距的缩小。具体趋势参考图4－3。

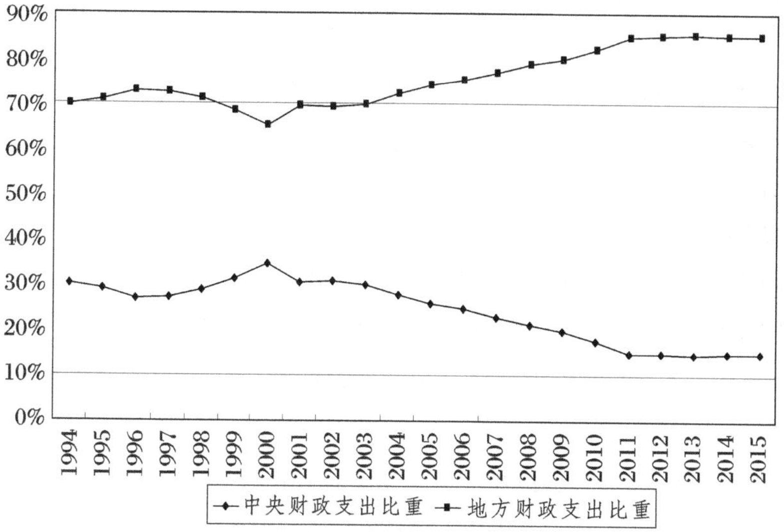

图4–3　中央和地方财政支出层级结构变动趋势

数据来源：中国统计局网站《中国统计年鉴》。

（2）中央和地方财政支出项目结构分析。国防支出是中央财政支出的主要项目，占中央财政支出的三分之一左右，支出平稳增长，但中央财政其他支出波动较大。国家近几年来对科学技术比较重视，所以中央财政科学技术支出的增长速度较快，一般公共服务支出持续降低，民生类财政支出持续增加。这些变化有利于促进收入公平分配。

财政支出分类改革后，我国地方财政支出规模较大的项目是教育支出、一般公共服务支出、社会保障和就业支出以及农林水事务支出等。2011 年比之 2007 年，地方教育方面的支出增长了一倍多，达到了 1 549.28亿元；2010 年后社会保障和就业支出的规模超过一般公共服务支出。我国地方财政支出各主要支出项目的位次变化不大，表明近年来我国财政支出的范围和重点保持了一定的稳定性。

结论：我国财政支出结构持续优化，项目结构、地区结构和层级结构均呈现优化趋势，民生类财政支出持续增加，投资性和消费性支出持续下降；购买性支出规模持续下降，转移性支出规模逐步上升。这体现了我国步入中等收入国家行列后，财政职能逐步倾向收入公平分配，为缩小城乡收入差距提供了良好的财政体制基础。

二、全国财政支出制度影响城乡收入差距的实证研究

本节首先使用泰尔指数测度的城乡收入差距为被解释变量，基于 1978—2014 年的时间序列数据，从财政支出规模、结构两个角度分别构建向量自回归（VAR）模型和误差修正模型（ECM），实证研究对城乡收入差距的具体影响，以期得到系统的财政支出规模、结构对城乡收入差距的影响方向和程度，为有效缩小城乡收入差距提供更有价值的实践参考。

(一)财政支出规模影响城乡收入差距的实证分析——基于 VAR 模型

1. 变量选择与模型设置

在现实经济中，财政支出和城乡收入差距存在着互相影响的关系。如果按照传统的计量模型分析财政支出规模对城乡收入差距的影响，往往导致模型效果不是很好或回归结果不符合经济理论预期，不能全面反映真实的相关关系。因此，本节引入向量自回归（VAR）模型。VAR 模型描述被解释变量和解释变量互为影响的关系强度，比一般经济模型更为全面

和准确。

本节首先研究财政支出规模对城乡收入差距的影响。将财政支出规模作为解释变量，以财政支出占 GDP 的比重来衡量，记为 X，根据 1978—2014 年各年中国统计年鉴整理而得。以泰尔指数（具体计算见附录）测度城乡收入差距，记为 Y，泰尔指数和城乡居民收入差距呈正向关系。为了保证解释变量与被解释变量的一致性和平稳性，克服回归中可能存在的异方差和多重共线性，本节对各个变量均进行了对数化处理。根据 VAR 模型的原理，具体模型设置如下：

$$\ln Y_t = A_1 \ln Y_{t-1} + A_2 \ln Y_{t-2} + \cdots + A_p \ln Y_{t-p} + BX_t + \varepsilon_t \quad (4.1)$$

$$\ln X_t = A_1 \ln X_{t-1} + A_2 \ln X_{t-2} + \cdots + A_p \ln X_{t-p} + BY_t + \varepsilon_t \quad (4.2)$$

2. 单位根检验

为了避免可能出现伪回归现象，在建立回归方程和实证分析之前，本节主要使用 ADF 检验对变量序列的数据进行单位根检验，以避免时间序列中的数据产生较大的随意波动性，从而导致解释变量对被解释变量影响的准确性大打折扣。

表 4-7　一元模型 ADF 检验

变量	检验形式*	ADF 统计值	临界值**	结论
$\ln Y$	$(C,T,5)$	-0.391814	-3.562882	非平稳
$\Delta\ln Y$	$(C,T,3)$	-5.116531	-3.557759	平稳
$\ln X$	$(C,T,1)$	-2.240493	-3.544284	非平稳
$\Delta\ln X$	$(C,T,0)$	-3.650903	-3.544284	平稳

注：* 检验形式为 (C,T,K)，其中 C、T、K 分别表示含常数项、时间趋势项和滞后阶数；** 临界值表示在 5% 的显著性水平下取得。

从表 4-7 可知，变量（$\ln Y$ 和 $\ln X$）ADF 检验的 t 统计量值均大于显著水平为 5% 的临界值，即 1978—2014 年的财政支出规模和泰尔指数两个序列的数据都不是平稳的时间序列，但经过一阶差分之后（$\Delta\ln Y$ 和 $\Delta\ln X$）都变为平稳的时间序列。因此，通过单位根检验后可以判断所有变量均为一阶单整 $I(1)$，变量之间可能会存在协整关系，接下来要对其进行协整检验。

3. 协整检验

由于上述所有的变量均是单整的，可以利用 Johansen 检验判断变量之间是否存在协整关系，以确定财政支出和城乡收入差距是否存在长期稳定的均衡关系。但检验之前，必须事先确定 VAR 模型的最优滞后期。根据表 4 –8 的估计结果，5 个估计量均显示最优滞后期为 2，所以我们可以据此设定模型的最优滞后期为 2。

表 4 –8　VAR 模型最优滞后阶数的确定

阶数	截距 L	LR 估计	FPE 估计	AIC 估计	SC 估计	HQ 估计
0	−18.62224	—	0.011532	1.213073	1.302859	1.243693
1	65.18420	152.8235	0.000106	−3.481423	−3.212066	−3.389565
2	90.83130	43.75094*	2.96e −05*	−4.754782*	−4.305853*	−4.601684*
3	94.31448	5.532118	3.08e −05	−4.724381	−4.095880	−4.510044

注：* 表示模型自选最优滞后序列标准。

在确定模型的最优滞后期为 2 之后，我们可以得到 Johansen 检验的具体结果如表 4 –9 所示。

表 4 –9　协整检验

方程数(原假设)	特征根	迹统计量	5% 临界值	概率**
没有*	0.300093	20.02942	15.49471	0.0097
最多一个*	0.193830	7.541142	3.841466	0.0060

注：** 表示在 5% 显著性水平下接受原假设；* 表示在 5% 的显著性水平下拒绝原假设。

由表 4 –9 可知，财政支出和城乡收入差距存在协整关系。其对应的协整方程为：

$$\ln Y = -3.518 \ln X \tag{4.3}$$

式（4.3）方程表明，全国财政支出规模与城乡收入差距呈负相关关系，即全国财政支出规模的增加有利于缩小和调节城乡收入差距。具体而言，全国财政支出规模扩大 1%，城乡收入差距会平均缩小 3.518%。这个结果与前文财政支出调节城乡收入差距的理论预期相一致，为政府扩大财政支出规模以缩小城乡收入差距提供了最有力的政策依据。

4. Granger 因果关系检验

Granger 因果关系检验的目的在于确定 $\ln Y$ 和 $\ln X$ 之间是否存在统计意义上的相关关系，即研究城乡收入差距的存在是否构成全国财政支出扩大的原因，全国财政支出是否也是构成城乡收入差距扩大的原因。由于 Granger 因果关系检验的准确性取决于最优滞后期大小的选择，因此在 Granger 因果关系检验时还要充分考虑最优滞后期。根据表 4－8 可知，该 VAR 模型的最优滞后期为 2。其 Granger 因果关系检验结果如表 4－10 所示。

表 4－10　Granger 因果关系检验结果

原假设	样本量	F 统计量	概率(5%)
$\ln X$ 不是 $\ln Y$ 的格兰杰原因	35	3.42917	0.0456
$\ln Y$ 不是 $\ln X$ 的格兰杰原因	6.04478	—	0.0062

从表 4－10 可以看出，在 5% 的置信水平和最优滞后期为 2 的条件下，由于概率 $P=0.0062<0.05$，接受原假设，即城乡收入差距是全国财政支出规模的格兰杰原因，城乡收入差距的变化能显著导致全国财政支出规模的变化；同理，概率 $P=0.0456<0.05$，接受原假设，即全国财政支出规模是城乡收入差距的格兰杰原因，全国财政支出规模的变化能导致城乡收入差距的显著变化，说明我国的财政支出规模能有效调节城乡收入差距。

5. **脉冲响应分析**

由于非稳定的 VAR 模型不能做脉冲响应分析，因此在做脉冲响应分析之前，需要对 VAR 模型是否稳定进行检验。

由图 4－4 可知，该模型的 4 个特征方程根的投影均位于单位圆的里面，说明该 VAR 模型具有稳定性。由前文可知最优滞后阶数为 2，可以得到 VAR 模型的结果如下：

$$\begin{bmatrix}\ln Y_t\\ \ln X_t\end{bmatrix}=\begin{bmatrix}1.304, 0.625\\ -0.177, 1.465\end{bmatrix}\cdot\begin{bmatrix}\ln Y_{t-1}\\ \ln X_{t-1}\end{bmatrix}+\begin{bmatrix}-0.445, & -0.730\\ 0.198, & -0.564\end{bmatrix}\cdot\begin{bmatrix}\ln Y_{t-2}\\ \ln X_{t-2}\end{bmatrix}+\begin{bmatrix}-0.493\\ -0.123\end{bmatrix} \tag{4.4}$$

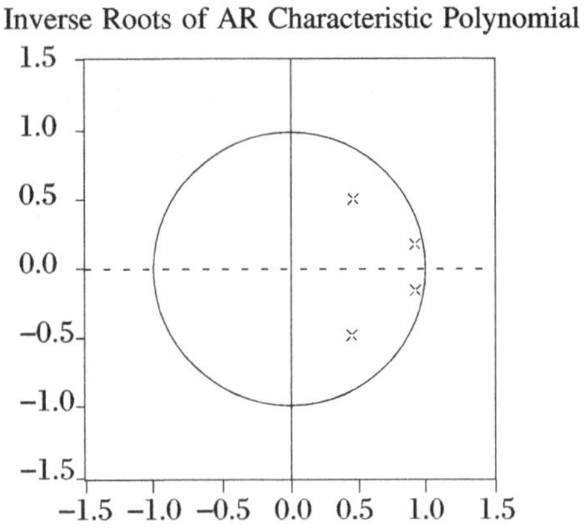

图 4-4 AR 根图

为了更为直观地反映全国财政支出相对规模和城乡收入差距的跨期动态关系，我们可以进行脉冲响应函数分析。

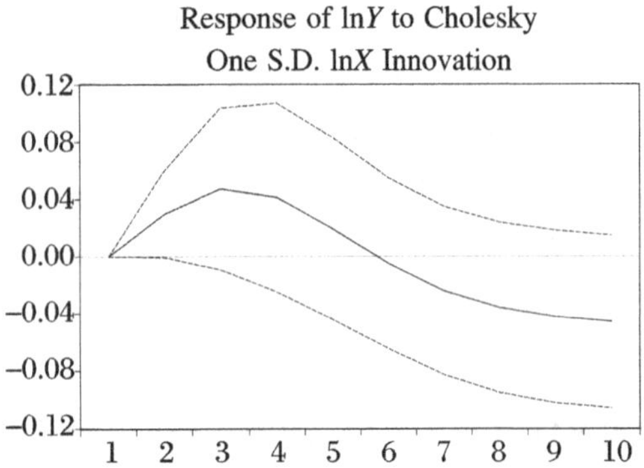

图 4-5 全国财政支出规模对城乡收入差距的脉冲响应函数曲线图

从图 4 -5 中可以看出，城乡收入差距对来自全国财政支出规模的冲击响应如下：在滞后前 5 期为正值，并在滞后第 3 期达到最大值，从滞后第 6 期开始转正为负，并逐渐缩小，表明在全国财政支出规模增加的初期，不仅没有缩小城乡收入差距，反而还扩大了城乡收入差距，但在滞后第 6 期之后，全国财政支出规模增加有利于缩小城乡收入差距。从图 4 -5可知，全国财政支出规模对城乡收入差距的正向冲击效应要略小于负向冲击效应，说明总体上全国财政支出规模的增加导致城乡收入差距的缩小，即全国财政支出规模增加有利于缩小城乡收入差距。

6. **方差分解**

方差分解主要用来说明全国财政支出规模本身对城乡收入差距冲击和影响的贡献率大小，以强调全国财政支出规模影响地位的重要性。

表4-11　对城乡收入差距的方差贡献率(%)

滞后期	标准差	lnY	lnX
1	0.121404	100.00000	0.000000
2	0.201224	97.84347	2.156534
3	0.248524	94.97281	5.027192
4	0.272309	93.51614	6.483863
5	0.284171	93.56995	6.430045
6	0.292488	93.90220	6.097797
7	0.301096	93.61002	6.389979
8	0.310217	92.65228	7.347724
9	0.318685	91.29591	8.704094
10	0.325728	89.71014	10.28986

从表4-11可以得出，在跨期为10期的方差贡献率中，全国财政支出规模对城乡收入差距预测误差的贡献率大致呈上升趋势，并在第10期达到了峰值10.28986%。城乡收入差距自身的预测误差贡献率相对下降，但总体上全国财政支出规模预测误差的贡献率始终偏小。

(二)财政支出结构影响城乡收入差距的实证分析——基于ECM模型

1. **变量选择与模型设置**

财政支出结构也是影响城乡收入差距的重要因素。为了更全面反映城乡收入差距的影响因素，本部分还研究了财政支出结构以及相关控制变量的影响，具体的变量解释如表4-12所示：

表 4－12　各个变量的名称符号和含义

变量分类	变量符号	变量含义
被解释变量	Y	泰尔指数,反映城乡收入差距
解释变量	X_1	科教文卫支出占财政支出的比重
	X_2	一般公共服务支出占财政支出的比重
	X_3	社会保障支出占财政支出的比重
控制变量	L_1	人均 GDP,反映经济发展水平
	L_2	城镇人口占总人口的比重,反映城市化水平
	L_3	地方财政支出占全国财政支出的比重,反映财政分权水平

本部分针对财政支出结构对城乡收入差距的影响建立多元回归模型。同理，为了避免在时间序列数据中产生的异方差影响，对所有变量进行了对数化处理。具体模型设置如下：

$$\ln\hat{Y} = a + b\ln X_1 + d\ln X_2 + g\ln X_3 + h\ln L_1 + l\ln L_2 + m\ln L_3 + \hat{\varepsilon} \tag{4.5}$$

2. **数据的选取与来源**

我国 2007 年对财政收支项目进行了系统改革。为了更系统地说明财政支出结构与城乡收入差距之间的关系，本节财政支出结构主要选择了科教文卫支出、一般公共服务支出和社会保障支出三个主要因素，其中，科教文卫支出在 2006 年之前称之为文教、科学、卫生支出，2007 年起科教文卫支出是指教育、科学技术、文化体育与传媒、医疗卫生四项支出之和；一般公共服务支出在 2006 年之前称之为行政管理费，2007 年起统称为一般公共服务支出；社会保障支出主要包括抚恤、社会福利、救济费用与社会保障补助支出，2007 年起统一为社会保障与就业支出。另外，本节数据均由各年的中国统计年鉴整理而得。

3. **单位根检验**

在进行估计结果之前，首先对各个变量的数据进行 ADF 检验，以验证该序列的数据是否平稳。其检验结果如表 4－13 所示。

表 4－13　多元模型 ADF 检验

变量	检验形式*	ADF 统计值	临界值**	结论
$\ln Y$	$(C,T,5)$	−0.391814	−3.562882	非平稳
$\Delta\ln Y$	$(C,T,3)$	−5.116531	−3.557759	平稳
$\ln X_1$	$(C,T,0)$	−2.536832	−3.540328	非平稳
$\Delta\ln X_1$	$(C,T,0)$	−4.377112	−3.544284	平稳
$\ln X_2$	$(C,T,0)$	−0.529339	−3.540328	非平稳
$\Delta\ln X_2$	$(C,T,0)$	−5.191397	−3.544284	平稳
$\ln X_3$	$(C,T,1)$	−2.290287	−3.544284	非平稳
$\Delta\ln X_3$	$(0,0,0)$	−2.714832	−1.950687	平稳
$\ln L_1$	$(C,T,4)$	−1.201720	−3.557759	非平稳
$\Delta\ln L_1$	$(C,T,3)$	−3.827404	−3.557759	平稳
$\ln L_2$	$(C,T,1)$	−1.628594	−3.544284	非平稳
$\Delta\ln L_2$	$(C,T,0)$	−4.302282	−3.544284	平稳
$\ln L_3$	$(C,T,0)$	−1.766946	−3.540328	非平稳
$\Delta\ln L_3$	$(C,T,0)$	−4.984482	−3.544284	平稳

注：*检验形式为(C,T,K)，其中 C、T、K 分别表示含常数项、时间趋势项和滞后阶数；**临界值表示在5%的显著性水平下取得。

从表 4－13 可知，各个变量的数据均是不平稳的，但引入一阶差分之后，新的序列数据变成平稳的时间序列。因此，可以确定所有变量均为一阶单整 $I(1)$，变量之间可能存在协整关系，应该对其进行协整检验。

4. **协整检验**

为简化协整检验的过程，本处使用 EG 检验。在进行 EG 检验之前，首先要根据各个变量得到回归结果。回归估计方程如下：

$$\begin{aligned}\ln\hat{Y} = & -9.2514 - 0.9053\ln X_1 + 0.2783\ln X_2 + 0.1487\ln X_3 \\ & (-4.01)\quad(-2.08)\qquad(1.79)\qquad(0.80) \\ & + 0.5519\ln L_1 - 2.1197\ln L_2 + 1.1064\ln L_3 \\ & (3.38)\qquad(-2.28)\qquad(2.09)\end{aligned} \tag{4.6}$$

然后检验回归残差的平稳性，即对残差项的序列 $\hat{\varepsilon}$ 进行 ADF 检验，检验结果如表 4－14 所示。

表 4－14　多元模型的残差 ADF 检验结果

变量	检验形式*	ADF 统计值	1% 临界值	5% 临界值	10% 临界值	结论
$\hat{\varepsilon}$	(0,0,5)	－2.436666	－2.641672	－1.952066	－1.610400	平稳

注：* 检验形式为 (C,T,K)，其中 C、T、K 分别表示含常数项、时间趋势项和滞后阶数。

由于残差序列的 ADF 统计值均小于 5% 和 10% 的显著性水平下的临界值，因此可以认定估计残差序列 $\hat{\varepsilon}$ 为平稳序列，即存在协整关系，解释变量和被解释变量之间存在比较稳定的长期均衡关系。

5. **误差修正模型**（ECM）

虽然变量之间存在协整关系，但从短期来看，仍然可能会上下随机波动和偏离均衡关系，出现失衡的情况。为了解决这一短期偏离均衡的问题，我们使用误差修正模型（ECM）来加以修正，以进一步了解变量之间短期动态均衡的关系，并分析如何使短期偏离值回到长期均衡值。此处设置的误差修正模型如下：

$$\Delta \ln Y = \phi + \mu_1 \Delta \ln X_1 + \mu_2 \Delta \ln X_2 + \mu_3 \Delta \ln X_3 + \mu_4 \Delta \ln L_1 + \mu_5 \Delta \ln L_2 + \mu_6 \Delta \ln L_3 + \eta\, \mathrm{ecm}_{t-1} \qquad (4.7)$$

其中，ecm_{t-1} 表示协整方程的一阶残差滞后序列，也是该模型滞后一期的误差修正项。根据误差修正项的系数可知短期偏离长期均衡的调整力度。根据以上模型，可以得出以下回归估计方程：

$$\Delta \ln Y = 0.031 - 0.056 \Delta \ln X_1 + 0.199 \Delta \ln X_2 - 0.134 \Delta \ln X_3 + 0.854 \Delta \ln L_1 - 4.051 \Delta \ln L_2 - 0.418 \Delta \ln L_3 - 0.685 \mathrm{ecm}_{t-1}$$

$$R^2 = 0.569 \quad DW = 1.390 \quad F = 5.278 \qquad (4.8)$$

从以上误差修正方程可知，该误差修正模型反映了财政支出结构和城乡收入差距的短期动态均衡关系，财政支出结构的当期波动对城乡收入差距的当期波动有显著影响。从各项财政支出对城乡收入差距影响的关系与程度来看，当期科教文卫支出与城乡收入差距呈负相关关系，当期科教文卫支出每增加 1%，当期城乡收入差距将会平均缩小 0.056%；当期一般公共服务支出与当期城乡收入差距呈正相关关系，当期一般公共服务支出每增加1%，当期城乡收入差距将会平均拉大0.199%；当期社会保障支出与城乡收入差距呈负相关关系，当期社会保障支出每增加1%，城乡收入差距与以前相比将会平均缩小0.134%。值得注意的是，财政支出各个支出项目和城乡收入差距的关系正好与前文的理论预期结果相一致，该实证结果与经济理论没有发生冲突。

ecm_{t-1}前面对应的系数为-0.685，为负数，表明在短期内，如果出现财政支出结构与城乡收入差距的波动偏离均衡的情况，则将以-0.685的作用力度将短期的偏离值拉回至长期均衡状态。该误差修正项对城乡收入差距的调整幅度是68.5%，调整力度较强。

对于控制变量而言，人均GDP的提高不利于改善城乡收入差距，表明我国经济增长过程中仍然会伴随城乡收入差距扩大，而将财政支出的权力更多地赋予地方和吸引更多农村居民流向城市有利于缩小城乡收入差距。

第三节 中部地区财政支出制度影响城乡收入差距的实证分析

我国中部地区城乡收入差距也基本呈扩大趋势，从2000年的人均城乡收入差距19 203.72元扩增至2013年的86 413.69元，剔除物价指数的影响，我国中部地区城乡收入比已从2000年的2.54扩至2007年的3.03，近几年又略呈下降趋势，2013年已缩小至2.74。收入差距的变动是否是由于财政支出的规模或者结构引起的？其影响程度如何？缩小城乡收入差距是突出的民生问题，而财政支出作为收入分配的主要工具之一，财政支出规模以及结构的不同对城乡收入差距有着不可忽略的影响。因此，本节着力于研究中部地区如何更好地利用财政支出政策调控城乡收入差距。

本节基于2000—2013年的时间序列数据，从中部地区财政支出规模、结构两个角度分别构建时间序列计量模型和面板数据模型，实证研究对城乡收入差距的影响，以期得到系统的财政支出规模、结构对城乡收入差距的影响方向和程度，为有效缩小城乡收入差距提供更有价值的区域性实践参考。

一、中部地区财政支出规模对城乡收入差距影响的实证分析

(一)中部地区财政支出规模与城乡收入差距的变化轨迹

中部地区经济日益发展，其经济水平虽不及东部地区，但优于西部地区，具有一定的代表性。 中部地区包括山西、安徽、江西、河南、湖北、湖南六省。 财政支出相对规模的衡量采用中部地区财政支出绝对额与中部六省 GDP 之比，城乡收入差距采用泰尔指数来衡量。 泰尔指数充分考虑到了城乡人口对城乡收入差距的影响，从而可以更为科学地代表城乡收入差距。 本节采用 2000—2013 年中部地区城乡人口和城镇居民可支配收入、农村居民人均纯收入，计算泰尔指数。 中部地区城乡收入差距与财政支出规模变化轨迹如图 4 -6。

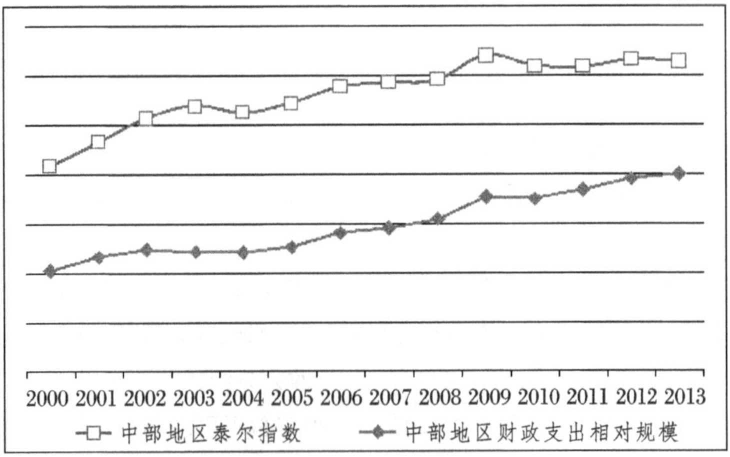

图 4–6 中部地区财政收支规模与城乡收入差距趋势图

中部地区城乡收入差距明显，由图 4 -6 可以看出，中部地区财政支出规模与城乡收入差距的变化趋势极其接近，虽然无法从图中得出中部地

区财政支出规模与城乡收入差距之间的互动关系，但可以从一定程度上证明二者之间是存在影响关系的。我国城乡收入差距 2000 年开始逐年扩大，近几年则略有缩小。

(二) 时间序列计量模型设定与检验

1. 关系分析

中部地区财政支出相对规模（X）与中部地区城乡收入差距（Y）的散点图如图 4－7 所示，该图显示财政支出规模与城乡收入差呈现出明显的倒“U”形曲线，因此，可以初步推测中部地区财政支出与中部地区城乡收入差距可能为二次函数关系。

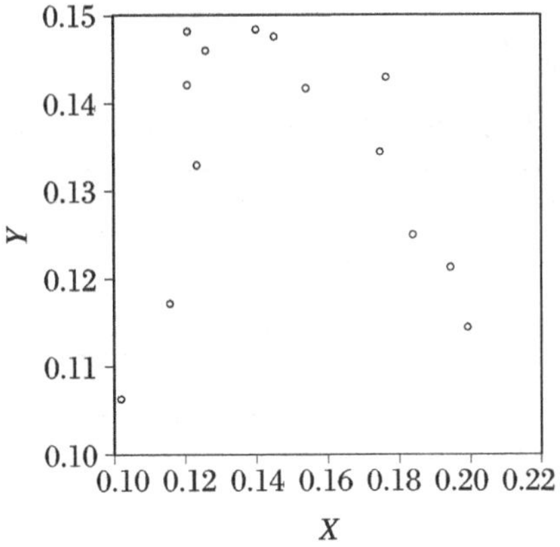

图 4–7 中部地区财政支出与城乡收入差距散点图

2. ADF 检验

在模型正式建立之前，需要对所获取的数据进行平稳性检验。只有确定了数据是平稳的，以数据为基础的模型才具有说服力。若数据不平稳，则需进行协整检验。表 4－15 即为根据数据所得出的 ADF 检验结果。

表 4-15　时间序列模型的 ADF 检验结果

变量	检验形式*	ADF 统计值	1% 临界值	5% 临界值	10% 临界值	结论
Y	$(C,T,2)$	-3.437498	-5.124875	-3.933364	-3.420030	平稳
X	$(N,N,2)$	3.653997	-2.754993	-1.970978	-1.603693	平稳
X^2	$(N,N,2)$	3.574629	-2.754993	-1.970978	-1.603693	平稳

注：* 检验形式为 (C,T,K)，其中 C、T、K 分别表示含常数项、时间趋势项和滞后阶数，N 为不含趋势项或常数项。

由以上结果可看出，原数列为平稳数列，对于平稳数列可进行 Granger 因果检验。若确实存在因果关系，则可对 X 与 Y 建立时间序列计量模型。

3. Granger 因果检验

表 4-16　中部地区财政支出规模与城乡间泰尔指数的格兰杰因果检验结果

变量	原假设	F - Statistic	自由度	概率
X	X 非 Y 的格兰杰原因	11.1524	2	0.0067
	Y 非 X 的格兰杰原因	2.24824	2	0.1761
X^2	X^2 非 Y 的格兰杰原因	12.0877	2	0.0054
	Y 非 X^2 的格兰杰原因	1.98270	2	0.2079

表 4-16 中的结果显示，X 与 X^2 分别以 0.0067 以及 0.0054 的概率拒绝原假设，即拒绝认为财政支出不会影响城乡收入差距这一原假设。中部地区财政支出规模会对城乡收入差距产生影响，而城乡收入差距是否会反过来影响财政支出规模则暂时难以验证。

4. 模型分析

从以下回归模型可知，该模型各项指标均通过了显著性检验。拟合优度高达 0.7564，虽然未达到 0.9，但也足以证明这两者之间的关系。财政支出总额与城乡收入差距并非线性关系。

$$\hat{Y} = -0.215 + 4.821X - 15.972X^2 \tag{4.9}$$

$$(0.0056)\ (0.0001)\ (0.0001)$$

$R^2 = 0.7564 \quad DW = 1.3297 \quad F = 17.0818$

对以上根据中部地区2000—2013年的时间序列数据计算的公式进行求导：

$$Y' = 4.821 - 31.943X \tag{4.10}$$

令 $Y' = 0$，可求得 $X = 0.1509$。由计量结果可看出：当财政支出占GDP的比重约为15%时，城乡收入差距最大；当财政支出占GDP的比重为13%～17%时，城乡收入差距较大；而当财政支出比重低于13%或者高于17%时，城乡收入差距则相对较小。

二、中部地区财政支出结构对城乡收入差距影响的实证分析

财政支出结构对城乡收入差距有着不容忽视的影响，有的财政支出项目对城乡收入差距的影响是正向的，有的财政支出项目对城乡收入差距的影响则是负向的。本节通过建立面板数据模型对中部地区财政支出结构与城乡收入差距的关系进行分析。

（一）面板数据模型指标解释

在财政支出结构的度量方面，由于政府根据各项财政支出的不同成效，对财政支出做出经常性调整，并且2007年前后财政支出子项的统计口径发生了较大变化，因此，为保持数据的可比性，本节选取统计口径相对稳定的子项进行归类，重点研究农林水事务支出、科学教育卫生支出、社会保障与就业支出以及一般公共服务支出四大类。一方面，这些数据具有较好的连续性；另一方面，这四类在财政支出总额中的占比一般均在60%以上，并且这些财政支出项目在中部地区财政支出中最能影响城乡收入差距。从表4－17中可发现，各省2002—2013年数据保有较好的连续性，各项财政支出的总额基本呈不断增加的趋势；不同省份之间，财政支出具有一定的差异。本节将实证分析农林水事务支出、科学教育卫生支出、社会保障与就业支出以及一般公共服务支出对城乡收入差距的影响。农林水事务支出主要包括农业支出、林业支出、水利和气象支出，2007年后统一为农林水事务支出。科学教育卫生支出则指教育、科学支出、科

技三项支出、医疗卫生四项支出之和；一般公共服务支出是指中部各省地方财政支出中的一般公共服务支出，2007 年之前主要为行政管理支出；社会保障与就业支出的数据则在 2007 年之前为社会保障补助支出，2007 年之后为各省统计年鉴上的数据。

表 4－17　中部六省 2002—2012 年主要财政支出　（单位：亿元）

年份	X_1	X_2	X_3	X_4	年份	X_1	X_2	X_3	X_4
2002hn1	44.77	44.52	74.39	153.11	2002jx	24.60	34.13	38.06	77.64
2003	47.92	53.69	83.10	170.10	2003	26.20	46.89	45.44	92.32
2004	65.99	62.88	97.43	197.32	2004	46.04	57.04	55.91	108.80
2005	82.28	67.97	120.96	242.65	2005	46.17	56.09	69.16	136.71
2006	111.34	82.83	146.69	311.79	2006	54.17	68.00	82.69	164.39
2007	152.51	281.22	355.71	490.13	2007	103.57	126.14	146.68	240.62
2008	209.59	330.23	406.59	619.94	2008	147.02	178.60	176.74	294.92
2009	361.60	403.62	459.01	784.81	2009	203.41	219.34	193.42	385.88
2010	399.19	461.22	478.69	924.25	2010	232.34	233.02	218.75	465.78
2011	480.48	547.96	559.02	1 275.21	2011	287.99	272.75	258.00	692.07
2012	551.73	631.61	663.07	1 602.14	2012	384.77	323.06	308.16	868.71
2002hn2	40.59	48.80	58.26	105.33	2002ah	28.28	47.08	48.60	95.44
2003	36.21	47.86	51.40	114.02	2003	32.63	49.12	51.29	106.17
2004	74.13	74.94	70.93	132.95	2004	48.70	48.39	64.51	132.89
2005	71.91	84.00	87.26	158.22	2005	47.65	48.45	73.78	148.79
2006	84.32	102.55	105.83	190.37	2006	55.48	65.09	93.31	195.36
2007	125.92	220.98	256.59	308.21	2007	103.52	206.44	195.95	294.34
2008	176.38	310.31	295.56	425.45	2008	136.75	228.20	234.15	413.88
2009	276.29	360.75	336.07	546.40	2009	259.21	303.96	267.50	526.00
2010	322.65	396.40	367.20	618.58	2010	292.52	334.15	273.72	628.51
2011	394.26	484.44	466.74	839.55	2011	351.87	392.98	345.34	918.97
2012	447.74	525.71	550.26	1 149.94	2012	430.47	459.19	425.96	1 133.33

续表

年份	X_1	X_2	X_3	X_4	年份	X_1	X_2	X_3	X_4
2002sx	24.60	34.13	38.06	77.64	2002hb	33.27	37.78	51.75	107.53
2003	26.20	46.89	45.44	92.32	2003	28.36	48.55	57.09	119.49
2004	46.04	57.04	55.91	108.80	2004	53.87	59.94	69.90	136.87
2005	46.17	56.09	69.16	136.71	2005	57.46	71.14	94.80	157.94
2006	55.17	68.00	82.69	164.43	2006	61.29	106.99	111.29	192.26
2007	84.54	182.82	210.08	249.12	2007	127.57	211.22	221.27	302.07
2008	109.69	218.38	223.49	324.13	2008	176.70	281.30	265.80	402.33
2009	198.47	236.94	247.94	397.41	2009	254.92	343.98	308.40	481.86
2010	201.71	274.46	215.83	462.56	2010	305.44	368.42	314.93	575.79
2011	241.45	321.60	251.58	608.58	2011	376.23	449.29	394.95	779.65
2012	309.63	354.61	274.47	771.69	2012	419.02	501.13	466.51	1 054.75

数据来源：湖南、安徽、湖北、江西、山西、河南六省2003—2013年统计年鉴。X_1为农林水事务支出，X_2为社会保障和就业支出，X_3为一般公共服务支出，X_4为科学教育卫生支出；表中英文字母的含义分别为："hn1"表示河南省，"ah"表示安徽省，"hn2"表示湖南省，"sx"表示山西省，"jx"表示江西省，"hb"表示湖北省。

在分析财政支出规模对城乡收入差距的影响时，采用的是2000—2013年的数据。但由于无法获得各省2013年的各项财政支出明细情况，因此，本节在研究财政支出结构对城乡收入差距的影响时，选取了2002—2012年10年的面板数据来进行实证分析。

（二）面板数据模型结果

表4－18为选取的中部六省四大支出2002—2012年的面板数据所得出的实证结果。

表4－18　财政支出结构与城乡收入比计量结果

Variable	Coefficient	Std. Error	t－Statistic	Prob.
C	3.4807	0.3117	11.1663	0.0000
一般公共服务支出	8.4428	3.5076	2.4070	0.0206
社会保障和就业支出	－4.8573	1.4146	－3.4338	0.0014

续表

Variable	Coefficient	Std. Error	t – Statistic	Prob.
农林水事务支出	0.3551	1.5223	0.2332	0.8167
科学教育卫生支出	−4.3193	1.7983	−2.4018	0.0208
R – squared	0.9230	Schwarz criterion	−1.5700	
Adjusted R – squared	0.8808	Hannan – Quinn criter	−2.0516	
Prob (F – statistic)	0.0000	Durbin – Watson stat	1.2013	

可得方程:

$$\hat{Y}=3.4807+8.4428X_3-4.8573X_2+0.3551X_1-4.3193X_4 \quad (4.11)$$

模型拟合度为92.30%，修正后的模型拟合度为88.08%，因此模型拟合度良好。由模型可知，科学教育卫生支出以及社会保障和就业支出的系数为负值，因此，这两项支出的增加会缩小城乡收入差距，其中对城乡收入差距影响最显著的为社会保障与就业支出；而一般公共服务支出的增加则会扩大城乡收入差距，且扩大幅度较大。而农林水事务支出不管是模型调整前还是调整后，均未通过显著性检验，因此此模型难以断定农林水事务支出对城乡收入差距的影响，或者说这两者没有明显的相关关系。

在上述计量模型中，本节以各项财政支出作为解释变量，以城乡收入比作为被解释变量，并未以泰尔指数作为解释变量，这主要是由于各省的数据搜集困难，难以计算出各省的泰尔指数。对于泰尔指数与城乡收入比这两种衡量城乡收入的方法，经过分析可以发现，这两者变化趋势基本一致，由于泰尔指数充分考虑了人口因素，因此当泰尔指数计算困难时，以城乡收入比代替泰尔指数也是具有科学性的。因此，本节的时间序列模型以及面板数据模型中解释变量所解释的被解释变量符合研究要求，具有说服力。

（三）结论

（1）从实证结果可知，中部地区财政支出规模对城乡收入差距具有一定的调节作用。因此，财政支出相对规模应保持在合理的范围，即财政支出的过多或过少都会在一定程度上拉大城乡收入差距。根据实证结果，我们得知财政支出与城乡收入差距的关系成倒“U”形曲线。

（2）不同的财政支出项目对城乡收入差距具有不同的影响，具体表现为：科教文卫支出及社会保障与就业支出的增加可以缩小城乡收入差距，而一般公共服务支出的增加却会拉大城乡收入差距，农林水事务支出与城乡收入差距没有明显的关系。

第四节　湖南省财政支出制度影响城乡收入差距的实证分析

作为中部地区的重要省份，湖南省的许多经济指标和现象在中部地区和全国都很有代表性。湖南省城乡收入差距呈扩大趋势，城乡收入绝对差距从2003 年的5 141.33 元扩增至2014 年的16 510 元，剔除物价指数的影响，湖南省城乡收入比已从 1983 年的 1.79 扩至 2007 年的 3.15，近几年又略呈下降趋势，2014 年缩小至2.64。收入差距的变动是否是由财政支出的规模或者结构引起的？其影响程度如何？城乡收入差距是导致总体收入差距上升的主要原因，而政府的财政支出作为收入分配的主要工具之一，规模不断扩大，结构逐渐优化，兼具收入公平分配和促进经济增长的双重作用，是更有优越性的预微调手段，已经成为我国有效的宏观调控政策工具之一。因此，本节着力于研究如何更好地利用财政支出政策缩小城乡收入差距。

本节使用泰尔指数来测度湖南省城乡收入差距的大小，并寻求湖南省城乡收入差距的变化趋势和规律，然后基于 1982—2014 年的时间序列数据，从财政支出规模、结构两个角度分别构建实证模型，研究对城乡收入差距的影响，以期得到系统的财政支出规模、结构对城乡收入差距的影响方向和程度，为有效缩小城乡收入差距提供更有价值的实践参考。

一、湖南省财政支出与城乡收入差距的变化轨迹

湖南省经济日益发展，其 2014 年地区生产总值达 27 048.5 亿元，比

上年增长9.5%（全国平均增长率为7.4%），经济总量排名全国第10，总体发展情况较好。财政支出相对规模的衡量采用湖南省财政支出绝对额与湖南省地区生产总值之比，城乡收入差距采用泰尔指数来衡量。泰尔指数充分考虑到了城乡人口对城乡收入差距的影响，从而可以更为科学地代表城乡收入差距。此处采用1982—2014年湖南省城乡人口和城镇居民可支配收入、农村居民人均纯收入计算泰尔指数。湖南省1994—2014年城乡收入差距与财政支出规模变化轨迹如图4-8所示。

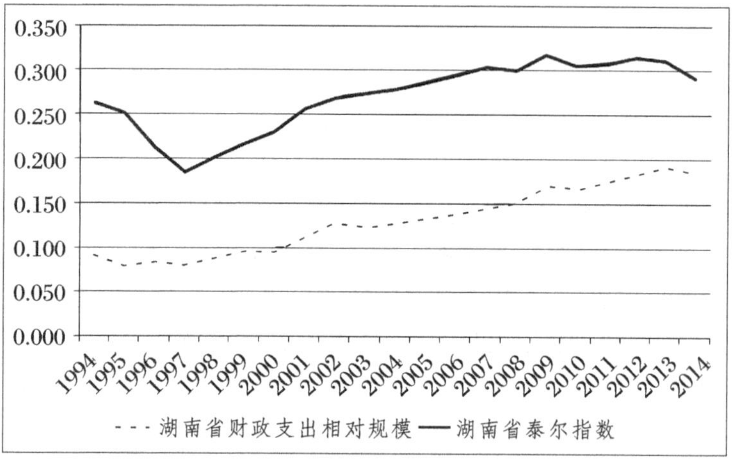

图4-8 湖南省财政支出相对规模与城乡收入差距趋势图

湖南省城乡收入差距明显，由图4-8可以看出，湖南省财政支出规模与城乡收入差距的变化趋势较为接近，虽然无法从图中得出湖南省财政支出规模与城乡收入差距之间的互动关系，但可以在一定程度上证明二者之间是存在影响关系的。

二、模型指标解释

财政支出结构对城乡收入差距存在不容忽视的影响，有的财政支出项目对城乡收入差距的影响是正向的，有的财政支出项目对城乡收入差距的影响则是负向的。本节利用Eviews 6.0建立实证模型，对湖南省财政支出结构与城乡收入差距的关系进行分析。

在财政支出结构的度量方面，由于政府会依据各项财政支出的不同成效对财政支出做出经常性调整，并且2007年前后财政支出子项的统计口径发生了较大变化，因此，为保持数据的可比性，本节选取统计口径相对稳定的子项进行归类，重点研究农林水事务支出、科教文卫支出、社会保障与就业支出以及一般公共服务支出四大类。一方面，这些数据具有较好的连续性；另一方面，这四类支出在财政支出总额中的占比一般均在60%以上，并且这些财政支出项目在湖南省财政支出中最能影响城乡收入差距。由前文可知，湖南省1982—2014年数据保有较好的连续性，各项财政支出的总额基本呈不断增加的趋势。本书将实证分析农林水事务支出、科教文卫支出、社会保障与就业支出以及一般公共服务支出对城乡收入差距的影响。农林水事务支出主要包括农业支出、林业支出、水利和气象支出，2007年后统一为农林水事务支出。科教文卫支出则指教育支出、科学支出、科技三项支出、医疗卫生四项支出之和。一般公共服务支出是指湖南省地方财政支出中的一般公共服务支出，2007年之前主要为行政管理支出。社会保障与就业支出的数据则在2007年之前为社会保障补助支出，2007年之后为湖南省统计年鉴上的数据。

三、实证结果分析

（一）单位根检验

在模型正式建立之前，需要对所获取的数据进行平稳性检验。只有确定了数据是平稳的，以数据为基础构建的模型才能具有说服力。若数据不平稳，则需进行协整检验。表4－19即为根据数据所得出的ADF检验结果。

表4－19 变量ADF检验结果

变量	检验形式*	ADF统计值	1%临界值	5%临界值	10%临界值	结论
TL	(*C*,*T*,2)	−2.001472	−4.284580	−3.562882	−3.215267	不平稳
△*TL*	(*C*,*T*,2)	−3.953045	−4.296729	−3.568379	−3.218382	平稳
SSE	(*C*,*T*,2)	−2.368157	−4.273277	−3.557759	−3.212361	不平稳

续表

变量	检验形式*	ADF 统计值	1% 临界值	5% 临界值	10% 临界值	结论
△*SSE*	(*C*,*T*,2)	-5.709709	-4.284580	-3.562882	-3.215267	平稳
SCH	(*C*,*T*,2)	-1.640677	-4.273277	-3.557759	-3.212361	不平稳
△*SCH*	(*C*,*T*,2)	-6.626858	-4.284580	-3.562882	-3.215267	平稳
GPS	(*C*,*T*,2)	-2.575243	-4.273277	-3.557759	-3.212361	不平稳
△*GPS*	(*C*,*T*,2)	-6.612449	-4.284580	-3.562882	-3.215267	平稳
AFI	(*C*,*T*,2)	-2.643780	-4.273277	-3.557759	-3.212361	不平稳
△*AFI*	(*C*,*T*,2)	-7.098407	-4.284580	-3.562882	-3.215267	平稳
GFE	(*C*,*T*,2)	-0.962067	-4.273277	-3.557759	-3.212361	不平稳
△*GFE*	(*C*,*T*,2)	-5.156966	-4.284580	-3.562882	-3.215267	平稳

注：*检验形式为(*C*,*T*,*K*)，其中*C*、*T*、*K*分别表示含常数项、含时间趋势项和滞后阶数；*TL*代表湖南省城乡间泰尔指数，*SSE*代表社会保障和就业支出，*SCH*代表科教文卫支出，*GPS*代表一般公共服务支出，*AFI*代表农林水事务支出，*GFE*代表相对财政支出规模。

由以上结果可知，原数列为非平稳数列，但在一阶差分的条件下都为平稳数列，因此，可对变量进行协整检验。

（二）协整检验

由上述分析可知，财政支出相对规模、财政支出结构的时序数据，均是一阶单整数列，因此可通过 Johansen 检验来考察变量之间是否存在协整关系，从而判断变量之间是否存在长期相关关系。下面两组变量在5%的显著性水平下都存在协整关系，通过 Eviews 6.0，可以得到如下两组协整方程：

$$TL = 0.0025 + 2.9805SSE - 0.3335SCH - 0.8570GPS - 4.6438AFI$$

$$(0.2297)\quad(0.2394)\qquad(0.0857)\qquad(0.4667)\qquad(4.12)$$

$$TL = 0.4606GDP1 - 1.2568GFE \qquad (4.13)$$

$$(0.3226)\qquad(0.2041)$$

通过协整方程式（4.12）可知，社会保障和就业支出会拉大城乡收入差距，科教文卫支出以及一般公共服务支出可以在一定程度上缩小城乡收入差距，而农林水事务支出则可以在较大程度上缩小城乡收入差距。通过式（4.13）可知，财政支出规模对城乡收入差距有反向调节作用。

（三）VAR 模型

通过 Eviews 6.0，可得协整方程的最佳滞后期分别为滞后 3 期和滞后 1 期，得到模型式（4.14）与模型式（4.15）。由式（4.14）可知，$t-1$ 期的城乡收入差距对 t 期的城乡收入差距有较大影响；$t-1$ 期、$t-2$ 期的社会保障和就业支出会拉大城乡收入差距，而 $t-3$ 期的社会保障和就业支出对城乡收入差距有缩小的作用；$t-1$ 期与 $t-2$ 期的科教文卫支出都可以在一定程度上缩小城乡收入差距，且作用程度较大；$t-1$ 期的公共服务支出对城乡收入差距有较小的负向调节作用，而 $t-2$ 期的公共服务支出则会拉大城乡收入差距；农林水事务方面则主要是 $t-2$ 期的支出可以缩小城乡收入差距。

由式（4.15）可知，$t-1$ 期的财政支出相对规模以及第一产业的相对规模与城乡收入差距都是反向影响关系，由此可知 $t-1$ 期的财政支出也可以在一定程度上缩小城乡收入差距。

$$\begin{aligned}TL=\ &0.09+1.26TL^{(-1)}-0.66TL^{(-2)}+0.07TL^{(-3)}+0.01SSE^{(-1)}+\\&0.15SSE^{(-2)}-0.07SSE^{(-3)}-0.16SCH^{(-1)}-0.39SCH^{(-2)}+\\&0.24SCH^{(-3)}-0.09GPS^{(-1)}+0.10GPS^{(-2)}-0.19GPS^{(-3)}+\\&0.41AFI^{(-1)}-0.17AFI^{(-2)}+0.14AFI^{(-3)}\end{aligned}\tag{4.14}$$

$$TL=0.0522+0.8214TL(-1)-0.0427GDP(-1)-0.1440GFE(-1)\tag{4.15}$$

（四）脉冲响应模型

脉冲响应模型主要研究当期的支出对收入差距的动态冲击。由图 4-9可知，社会保障和就业支出、科教文卫支出以及一般公共服务支出对城乡收入差距的动态冲击较大，其中，社会保障和就业支出会产生正向冲击，而科教文卫支出以及一般公共服务支出则是产生负向冲击，并且第 3~6期的阶段冲击最大。农林水事务支出对城乡收入差距的动态冲击也是负向的，其波动幅度较小，冲击分布较为均匀。由图 4-10 可知，财政支出相对规模以及第一产业占地区 GDP 的比重会对城乡收入差距产生负向调节作用，财政支出相对规模对城乡收入差距的冲击在第 4 期达到最大，调节作用较为明显。

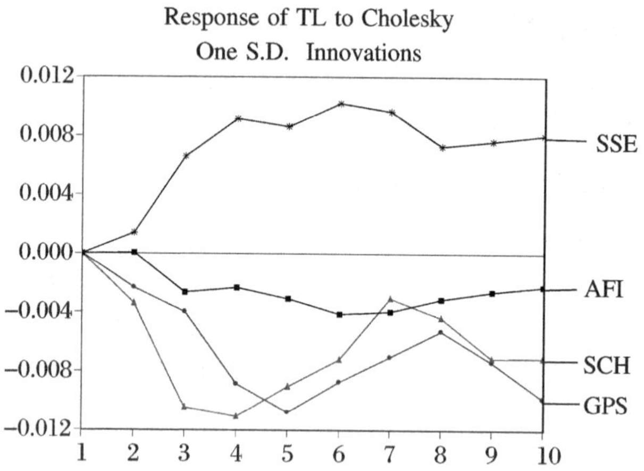

图 4–9 城乡收入差距对财政支出结构的脉冲响应图

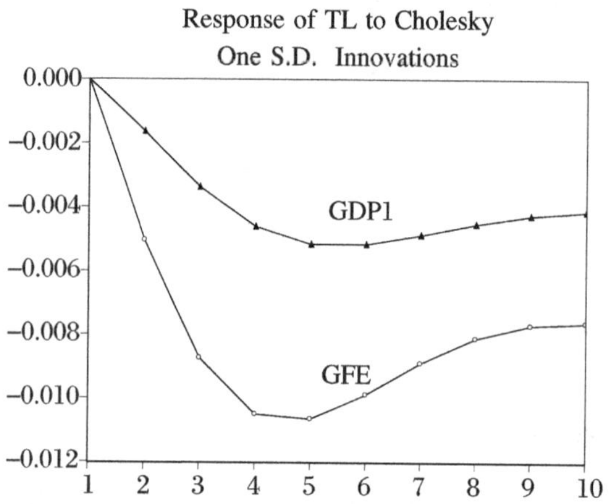

图 4–10 城乡收入差距对于财政支出规模的脉冲响应图

四、结论

（1）从实证结果可知，湖南省财政支出规模对城乡收入差距具有一定的调节作用，并且根据实证结果可知财政支出与城乡收入差距的关系成反方向影响关系。

（2）不同的财政支出项目对城乡收入差距具有不同的影响，具体表现为：科教文卫支出、农林水事务支出及一般公共服务支出的增加可以缩小城乡收入差距，而社会保障与就业支出的增加却会拉大城乡收入差距。

第五章　财政教育支出影响城乡收入差距的效果分析

在政府各项财政支出项目中，财政教育支出具有独特的、不可替代的、持续的提升居民收入水平进而缩小收入差距的作用。基于此，在上一章整体财政支出研究的基础上，本章单独把教育支出作为重点进行专门分析与探讨。

第一节　财政教育支出调节城乡收入差距机理

一、财政教育支出与城乡收入差距的研究评述

（一）财政教育支出相关研究

1. 财政教育支出总量和最优规模的研究

许多学者采用实证方法对我国财政教育支出最优规模进行了探讨。马拴友（2002）、李贞（2012）和程瑞媛（2014）等都曾对我国的财政教育支出的总量和规模做过研究，他们的研究得出的一个共同结论是我国的财政教育支出总量和规模虽然不断增加，但对于中国整个国家而言还是远远不足的，总量和规模还有很大的提升空间。其中马拴友利用交替世代模型得出财政教育支出通过税收或财政收入筹集资金时，经济增长率是教

育支出的凹函数这一现象，得出了使经济增长率最大化的最优教育支出规模。之后利用1983年至1998年间的相关数据，建立经济增长与科教支出关系的计量模型，得出结论：教育支出不应该小于GDP的2.4%，否则不能最大限度地促进经济增长。而李贞在他的文章《我国财政教育支出总量与结构的变动趋势研究》中利用三对数线性回归模型对1991年至2009年间数据进行了分析，发现我国财政教育支出增长速度低于GDP的增长速度，这与教育经费超前增长的规律相悖，于是得出了结论：正是这一原因导致了我国财政教育支出之前迟迟无法达到4%的目标。相比于二者，程瑞媛则从实证的角度入手，她通过统计分析大量的数据，指出我国虽然经过努力终于在2012年实现了财政教育支出占国民生产总值的4%的目标，但财政教育支出中依然存在预算内财政教育支出占财政总支出的比重减少等问题。

2. 财政教育支出结构优化的研究

（1）关于财政教育支出结构的调整与优化研究。关于财政教育支出结构，众所周知，教育的结构分为很多种，不同的结构存在不一样的问题。首先，从教育结构的划分来看，李印慧（2013）从总的高度将其分为三类：按区域结构划分为东、中、西部教育支出和城乡教育支出；按层次结构划分为初等、中等、职业教育和高等教育支出；按使用结构分为教育基建费支出和教育事业费支出。李印慧指出了其中存在的问题：在区域结构中，中、西部投入较少，东部最多，城市教育投入也远远高于农村地区；层级教育之间分配比例不合理；财政教育支出在内部使用上也存在不合理。当然，不同的学者对于教育支出结构有不同的研究视角。程瑞媛（2014）在研究时将重点放在了财政教育支出在中央政府与地方政府间的失衡上。她指出，2012年预算内财政教育支出总额中，地方的比例占了94.8%，而中央仅仅占了5.2%，形成了财权和责任权不匹配的现象。中央在教育支出中负到的责任远远不够。所以，她提出要合理划分各级政府对教育的投入责任，加大中央政府的投入力度。陈洋和杜宏颖（2014）的研究重点放在了学校与学校之间教育支出不平衡的问题上。他们认为，自发形成或经过评选设置的重点学校在地区上享受许多优待，这违背了教育的公平性和教育宗旨，导致了学校间的差距越来越大。王娇（2015）将研究重点放在了分析公共财政对初、高等教育的投入情况上。她首先对我国的初、高等教育的现状及问题进行了阐述，然后指出，我国当前处于社会主义的初级阶段，教育投入应该重点放在义务教育上，其次才是高等教育；但我国在教育改革初期将有限的教育经费过多投入到高等教育中，导致了义务教育和高等教育的投入比例严重失调。

（2）财政教育支出城乡结构不合理。王善迈（2003）认为虽然我国最近几年以来的财政教育支出规模不断扩大，但是其支出结构并不十分合理，在城乡之间财政教育资金及其他资源分布都严重失衡。张怀雷、张群利（2012）提出，我国义务教育发展中最主要的问题是城市和农村之间的基础教育差距比较大，城市基础教育已经比较完善，而农村基础教育仍然面临着教学质量较低、经费紧张等一系列问题。政府应该建立一套均衡发展的城乡义务教育长效机制，使农村基础教育投入不足的问题尽快得到解决。冯瑛、黄霖强、马骁（2012）指出，在我国居民教育支出中，农村和城市居民教育支出的差异比人均收入差异大，省与省之间城乡居民人均收入的差异小于人均教育支出的差异，均表明了我国财政教育支出在城乡间分布不平衡的情况。杨彬如（2015）在分析教育的城乡差距的问题时总结了中国城乡不平衡发展的具体表现：城乡间教育资金投入有巨大差距；城乡间师资力量有较大差距；教育政策造成教育机会存在城乡差距；同时指出这一问题会导致“经济滞后—教育落后—经济滞后”的恶性循环。黄水香（2015）对公共教育支出结构予以分析，首先，指出优质资源配置不均，教师是最重要的人力资源，我国的高等教育发展基本能满足公共教育对师资的需求，但优秀教师供给还不足，特别是偏远山区更缺优秀教师；从物质资源来看，教育资源普遍存在着向城镇倾斜、向重点学校倾斜现象。其次，支出供给结构的不合理：第一，供给结构具单一性；第二，不同层次的教育结构供给不合理；第三，城乡供给结构不合理。

（3）财政教育支出级次结构不合理。洪银霞（2014）在分析我国财政教育支出结构时，利用大量的数据，更加客观地分析了财政教育支出结构的问题。洪银霞在区域间教育支出分析和三级教育支出分析中统计了全国34个省、直辖市的数据，非常全面地说明了区域结构的不合理。同时采用极差、极差系数和变异系数方法对三级教育支出结构深入分析，并从利益归属角度分析区域间教育支出结构问题。方浩（2011）选取贵州、安徽和浙江三个省的义务教育资源投入资金信息，分析比较了我国东部、中部、西部三个区域的教育不均衡状况，认为我国中部、西部预算内教育经费所占财政支出的比例低于东部地区，教育经费增长率却高于东部地区；而且生均层面数据显示，中部、西部与东部地区之间的差距正在不断扩大,与教育公平的要求和目标相差甚远。李俊生（2006），邓小军、陈浩（2009），于莉（2011），白彦峰、愈惠（2013），沈昱池和夏慧琳（2013）等人则认为我国三级教育支出结构有很多不合理的地方，表现在对高等教育的投资金额所占比例相对偏高，对初、中等教育的投入规模比例较低,与我国的经济发展水平并不适应。于莉（2011）研究了1952—2007年我国财政教育支出级次结构并与国际做比较，得出结论：相比之下我国对初等教育的财政投入不足，而对高等教育的投入所占的比例则偏高。沈昱池和夏慧琳（2013）也得出结论：第一，我国对初等教育的投入不够，不足以满足教育的需求；第二，对高等教育的投入过多，形成了两极分化，这样会对本来就不充裕的教育资源造成浪费。杜育红、张喆（2015）在2015年中国教育经济学学术年会综述中分析了新常态下财政教育的不同阶段所面临的现状问题：在义务教育阶段，“省直管县”改革虽然在一定程度上对城乡间小学教育财政支出差异具有改善作用，但对东、中、西部小学教育财政支出差异起到拉大作用；在普通高中教育阶段，存在着财政投入总量不足和分配不合理等现实问题；在职业教育阶段，虽然规模在不断扩张，但仍处于初级阶段；在高等教育阶段，由于在我国高等教育是财政教育支出的最主要方面，大量的财政教育资金被用于高等教育，这也导致了近些年高校扩招的发展，但是高校扩招对于高等教育学具有负向的影响，尤其对于弱势学生群体，负向影响更为明显。

（4）关于财政教育支出结构的变动趋势的研究。李贞（2012）在分析财政教育支出结构时重点放在了变动趋势研究，采用了地区收敛性的研究方法，利用新古典经济增长理论中的σ -和β -收敛。他发现：我国跨地区人均国家财政教育支出从2004年变现出σ -收敛，这与当时的政策相符；同时，2004 年之前的几年间也不存在 β －收敛，但从长期看存在绝对 β －收敛。他将全国分为东、中、西三个“趋同俱乐部”，发现它们内部不存在短期的绝对 β －收敛，依然存在长期的绝对 β －收敛。刘雅南、邵宜航（2015）则在代际交叠模型的基础上，构建了分权体制下中央和区域政府公共教育投入的动态博弈模型，探讨了区域不平衡情况下两级政府公共教育投入分担及其对区域差距演变的影响。这个模型显示了中央政府是否应进行公共教育投入依赖于区域差距的程度，同时分析了在区域差距程度的不同范围下中央和区域政府的均衡教育投入分担。

3. 从国际比较的视角进行分析研究

国际比较一直是激励一个国家不断进步的因素。然而对于教育的国际比较方面，从众多学者的文献中不能发现，我国一直处于较低的发展水平。总的说明方面，顾昕、周适（2010）发表了《中国公共教育经费投入与支出的现实审视》，他们利用统计数据进行了公共教育支出的规模和结构的实证分析，得出结论：其一，政府的教育投入虽然不断增长，但与国际水平比较差距依然很大；其二，教育经费分配不合理，在基础教育上的份额偏低，这与西方发达国家的情况相反，同时教育经费多集中在高等教育，使用效率不高，所以要合理分配和使用公共资金，不浪费资金。具体的关于总量方面的国际比较中，屈艺（2009）在对国际财政教育支出水平进行比较时指出，虽然由于各国财政制度设计不同和筹资模式不完全相同，加之财政支出占 GDP 的比重也不相同，财政教育支出占财政支出的比重在不同国家之间的可比性会相对差一些，但是可以看到的是教育支出水平随经济发展和社会进步而稳定提高是一个全球化的普遍趋势，尤其是发达国家的教育支出水平高且稳定。他还指出，教育支出水平虽然受到经济发展水平和社会承受能力的制约，但这不是一个国家财政教育支出水平差的借口，在一些经济发展水平基本相同的国家，教育支出水平的差距依然明显，一些教育支出水平很差，而一些却达到了发达国家的标准。所以，从国际比较的角度来看，我国财政对教育的投入应给予重视和适当的增加。袁锐（2011）更具体地与一些国家或地区进行比较。他首先分析财政教育支出占 GDP 比重的差异。美国教育支出占 GDP 比重的平均值为6.35%，OECD国家这一指标的平均值为5.1%。我国在20世纪提出的20世纪末实现财政教育支出占GDP比重4%的目标现在看来确实不高，而这一目标实际在跨入21世纪时未能实现。其次，他指出地方政府对教育支出贡献方面的国际差距，中国财政教育过度依赖中央政府的支出。在美国、德国等一些国家，中央政府对教育更多的是一种辅助作用，教育的增长更多靠的是地方政府的作用。中国的现状与中央对地方考核的体系有关，也与中国的制度有关。所以，中国教育任重而道远。在关于结构方面的国际比较中，梁伟真（2004）主要比较的是国际财政教育支出在三级教育分配中的差异，通过数据比较发现，日本、美国等发达国家的三级教育支出比较均衡，同时十分重视初等教育的投入。而我国将绝大部分的财政教育资金用在了高等教育方面。从我国的国情出发，我国属于发展中国家，人均GDP较低，在这一阶段迫切需要的是中等教育和初等教育，并且初、中等教育的社会报酬率远远高于高等教育。当前中国将有限的教育经费投入到高等教育中，加剧了社会的不公平和资源的浪费。杨志荣、汪云（2013）则更具体地比较了中国和美国的财政教育支出结构情况，在比较财政教育支出分布后指出我国财政教育支出在初等教育方面表现不错，但在中等职业教育及高等教育方面，无论总量方面还是所占权重方面，与美国都存在一定差距。

（二）财政教育支出与城乡收入差距的关系研究

1. 国内研究述评

从最早的人力资本理论中我们就可以发现财政教育支出与城乡收入差距有着紧密的联系，而国内的学者们对于二者关系的研究也从未停歇过。首先，在研究二者是否存在某种数量关系上，温妍秀（2007）发现，城乡财政教育支出不均衡，存在重城市、轻农村的倾向，是收入差距扩大的一个重要原因，城乡教育支出差距每上升1%，城乡收入差距将上升6.4%。李鹏、王明华（2014）运用动态经济学的方法，通过计量模型以及城乡教育差距与人均收入差距相关数据的散点图及趋势图得出了它们之间存在负相关性的数量关系的结论，城乡教育差距每扩大1%，城乡人均收入差距减少203.18元。具体来说，城乡教育差距缩小使得农村接受高等教育的人增加，又由于产业布局向城市倾斜的原因，这部分人在城市发展的比例更大，提高了城市人均收入水平，也进一步拉大了城乡收入差距。其次，对于二者的变动趋势关系，国内学者也做了研究。余菊（2013）通过构建状态空间模型，选取全国31个省的数据资料，得出我国教育投入影响城乡收入差距的弹性系数基本为“倒U”形，即最初教育投入重点在城市，加速了城市发展，扩大了收入差距；但随后由于边际效用递减规律的影响和城市化进程、农业生产的发展，它们之间的关系又呈负相关关系。其他的学者也从不同的角度阐述了自己的观点。杨俊（2008）从内生增长理论的角度，研究教育与收入分配的作用机理及方向，以教育基尼系数和教育不平等构建联立方程组模型，通过实证分析得出结论：收入分配差距是教育不均衡的重要因素，教育扩大化有利于改善教育和收入不平等的现状。他指出，教育不平等的改善并不利于收入分配的改善，即存在负相关关系，并说明这是由人力资本传导机制出现偏差引起的。林毓鹏（2007）通过建立向量回归模型，同时运用脉冲响应函数和预测方差分解研究中国城乡教育支出差距对城乡收入差距的动态影响。他通过研究发现：教育是缩小城乡收入差距的重要因素，但是这是一个漫长的过程，我们所要做的是最终通过教育的平等化来缩小城乡收入差距；从长期看，城乡教育差距对于缩小城乡收入差距的贡献度只有16%。除了上述实证角度的研究外，其他的学者从数据或者政府政策等角度对二者关系进行研究。孙文杰（2008）认为在现有的分级管理体制下，农村基础教育的发展任务及资金投入职责都由基层政府负责，各地基层财政的承担能力不同，进一步使有些农村地区教育滞后；而城市资金雄厚，人力资本积累丰富，所以也就导致了城乡收入差距的扩大。同时，现有财政体制存在重城市、轻农村的倾向，农民较多地负担了本应由地方政府承担的公共产品支出。余菊（2015）在研究政府民生支出对城乡收入差距的影响时，提到工资收入与人力资本的教育回报率正相关，城乡在科教文卫投入上的差异的直接后果是城乡劳动生产率的差异，并且这种差异最终反映为城乡收入差距。张学敏和张明（2016）通过研究受教育程度影响收入满意度指出，教育往往被居民视为获得高收入或是满意的收入的重要途径，并提到受教育程度越高，个体的收入满意度就越高。从他们的研究中我们也可以看出，教育投入稳步提高以及合理分配教育资源，对于缩小城乡收入差距有很大的意义。

2. 国外研究述评

舒尔茨（1960）对经济发展的动力做出了全新的解释。他首先说明教育是人力资本投资的主要方式，它影响了经济的增长；其次指出区域教育投资的差异性形成了不同量的人力资本，从而导致了区域间、行业间以至于整个经济体的收入差距。Winegarden（1979）采用计量的方法来研究二者之间的关系。他使用 32 个国家的数据进行了回归分析，其中解释变量为劳动力受教育年限自然对数的均值，被解释变量为收入最低的 80%人口所占有的收入份额。最终他得出了这样的结论：平均受教育水平越高，收入分配越趋于公平，而教育分配不均的程度越大，收入分配的不公程度也越大。Gregorio 和 Lee（2002）从实证的角度对二者的关系进行了研究，他在相对完整的一百多个国家的时序—截面数据的基础上进行了 SUR 估计，该实证研究以 15 岁以上人口的平均受教育年限作为教育水平的变量，在衡量收入不平等时采用基尼系数。结果不仅证实教育因素在改变收入分配上发挥着积极作用，也证实了平均受教育年限和教育不平等程度变动之间也存在着“倒 U”形关系。

（三）小结

无论是国内还是国外的研究，学者们对于教育的研究都是格外重视的，教育规模、结构方面的研究成果丰富。但是基于我国国情，重点研究财政教育支出对城乡收入差距影响的相对较少，将二者作为典型研究对象专门分析的更少。我国作为当今世界经济增长最快的国家之一，教育的同步增长是必要的。教育作为一项重要的人力资本投资，理论上具有长久提升收入水平的作用，与缩小城乡收入差距有着千丝万缕的联系，所以定量研究二者之间的关系是很有意义的。

二、财政教育支出影响城乡收入差距的机理

（一）人力资本理论对二者关系的说明

舒尔茨的人力资本理论认为，人力资本是相对于物力资本的一种资本

形态。人力资本的积累是社会经济增长的源泉。在现代经济发展中，不能单纯地依靠体力劳动，教育所形成的人力资本在经济增长中会带来更大的收益。另外，他认为，教育也是使人们收入分配趋于平衡的因素，教育使得人们获得了知识和技能，生产力得到了提高，从而使得工资和薪金结构变化，导致人们的收入分配格局也发生了变化。

(二)内生增长理论对二者关系的说明

内生增长理论提出，资本、土地、劳动等受收益递减规律的制约，不能决定长期增长。但知识和技能不同，随着知识的积累和技术的不断进步，通过形式多样的组合，可以使得边际生产力具有无限的增长空间。内生增长理论认为政府的公共投资重点在于投资人力资本、基础设施和研究开发三个方面，其中政府财政教育支出能够提高社会人力资本存量和人均产出率，从而提高个人收入水平。

第二节　全国财政教育支出影响城乡收入差距的实证研究

一、我国财政教育支出的现状描述

(一)我国财政教育支出的规模分析

自 1994 年我国财政体制实行分税制以来，财政教育支出在全国范围内和不同层级政府财政支出中均呈现一个稳定上升的态势。表 5－1 对我国的财政教育支出现状进行了总量描述。

表 5－1　1995—2014 年全国财政教育支出情况

年份	财政教育支出（亿元）	全部教育经费（亿元）	财政支出(亿元)	GDP（亿元）	财政教育支出占全部教育经费比例（%）	财政教育支出占财政支出比例(%)	财政教育支出占GDP 比例（%）
1995	1 411.52	1 877.95	6 823.72	60 793.70	75.16	20.69	2.32
1996	1 671.70	2 262.34	7 937.55	71 176.60	73.89	21.06	2.35

续表

年份	财政教育支出(亿元)	全部教育经费(亿元)	财政支出(亿元)	GDP(亿元)	财政教育支出占全部教育经费比例(%)	财政教育支出占财政支出比例(%)	财政教育支出占GDP比例(%)
1997	1 862.54	2 531.73	9 233.56	78 973.00	73.57	20.17	2.36
1998	2 032.45	2 949.06	10 798.67	84 402.30	68.92	18.82	2.41
1999	2 287.18	3 349.04	13 187.67	89 677.10	68.29	17.34	2.55
2000	2 562.61	3 849.08	15 886.50	99 214.60	66.58	16.13	2.58
2001	3 057.01	4 637.66	18 902.58	109 655.20	65.92	16.17	2.79
2002	3 491.40	5 480.03	22 053.15	120 332.70	63.71	15.83	2.90
2003	3 850.60	6 208.27	24 649.95	135 822.80	62.02	15.62	2.84
2004	4 465.89	7 242.6	28 486.89	159 878.30	61.66	15.68	2.79
2005	5 161.08	8 418.84	33 930.28	183 217.40	61.30	15.21	2.82
2006	6 348.36	9 815.31	40 422.73	211 923.50	64.68	15.70	3.00
2007	8 280.21	12 148.07	49 781.35	257 305.60	68.16	16.63	3.22
2008	10 449.63	14 500.74	62 582.26	300 670.00	72.06	16.70	3.48
2009	12 231.09	16 502.71	76 299.93	340 507.00	74.12	16.03	3.59
2010	12 550.02	19 561.85	89 874.16	401 512.80	64.16	13.96	3.13
2011	16 497.33	23 869.69	109 247.79	473 104.05	69.11	15.10	3.49
2012	21 242.17	27 695.97	125 952.97	519 470.10	76.70	16.87	4.09
2013	24 488.22	30 364.72	139 744.26	568 845.21	80.65	17.52	4.30
2014	26 529.76	32 232.76	151 662.00	636 462.7	82.31	17.49	4.17

数据来源:由中国国家统计局在中国教育局网站上公布的全国教育经费执行情况统计公告计算整理而得。

1. **我国财政教育支出总量持续上升**

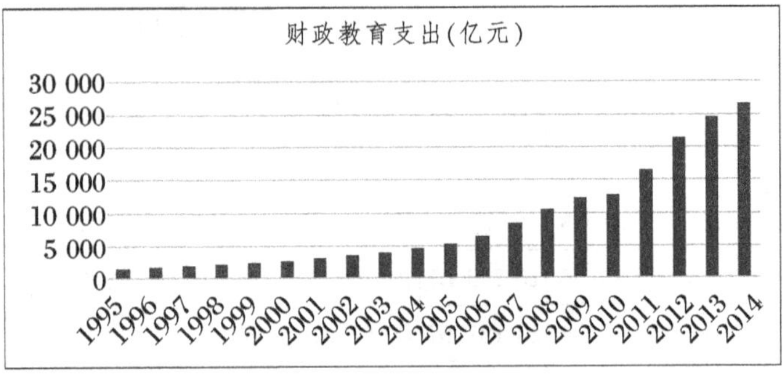

图 5-1 我国财政教育支出的总量变化

数据来源:中国统计局年度数据。

从表5-1和图5-1可以很明显看出，从1995年到2014年，我国财政教育支出的总量一直呈现出不断上升的趋势。1995年至2009年，我国财政教育支出从1 411.52亿元增加到了12 231.09亿元，增加了接近8倍之多，虽然在之后的一年财政教育支出总量只增长了一点，但是2010年以后增速明显加快，从2010年的12 550.02亿元增长到了2014年的26 529.76亿元，短短的5年增长了1倍多。我们也可以从图5-1很明显地看到这一特点，即我国财政教育支出总量一直保持着增长态势。相信随着国家对教育的不断重视，我国财政教育支出总量在未来也会不断提高。

2. **我国财政教育支出占财政支出比重不稳定**

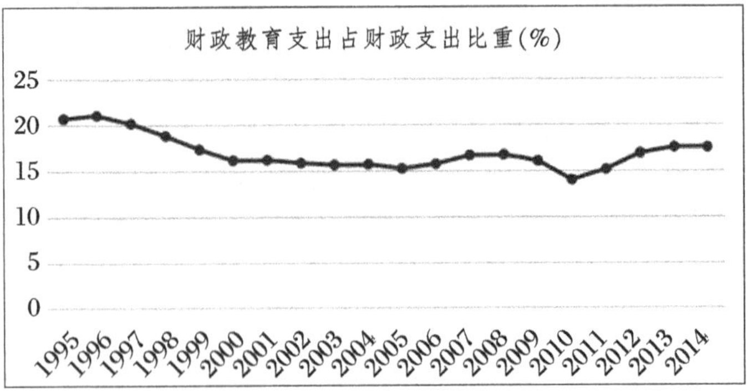

图 5-2 我国财政教育支出占财政支出的比重

数据来源:根据中国统计局年度数据和各年中国统计年鉴计算得出。

2011 年国家颁布的《国务院进一步加大财政教育投入的意见》中提出了教育类支出占财政总支出比重不低于 14% 的标准。由图 5 -2 可以清晰地看出：1995 年以来，我国财政教育支出占财政支出的比重一直都保持在 15% 的标准之上，但是可以很明显地看到这一比重很不稳定并且多数年份呈现出了下降的态势，甚至 2010 年只有 13.96%。所以，虽然我国财政教育支出占财政支出的比重达标，但是我们应该保持这一态势，在巩固的基础上不断提高这一比重，遏制下降的态势。

3. 我国财政教育支出占教育支出比重较低

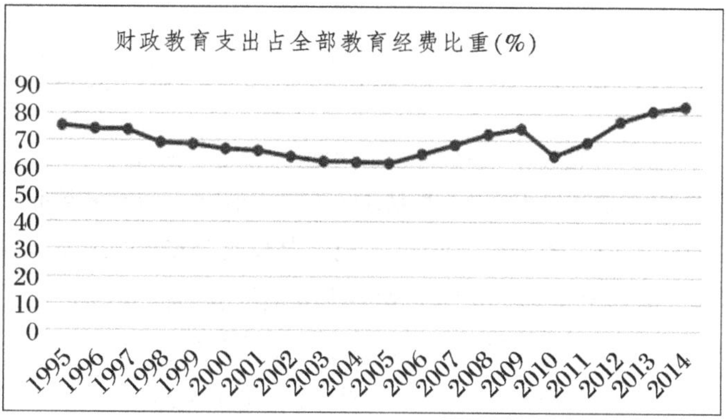

图 5-3　我国财政教育支出占全部教育支出的比重

数据来源：根据中国统计局年度数据和各年中国统计年鉴计算得出。

世界上普遍的发达国家财政教育支出占全国总教育经费的比例一般都是 80% 左右。而从图 5 -3 我们可以清晰看出，我国 1995 年到 2012 年财政教育支出占教育总支出的比例一直在 80% 以下，直到 2013 年我国财政教育支出占教育总支出的比例才勉强超过国际标准 80%。由于我国教育的投入虽然是由政府和家庭个人共同承担，但我国对教育的投入上家庭个人承担了很大的一部分，政府对教育的投入只有很少的一部分，所以加大地方政府对教育的投入是很有必要的，对于区域发展有益无害。

4. **我国财政教育支出占 GDP 比重有待提高**

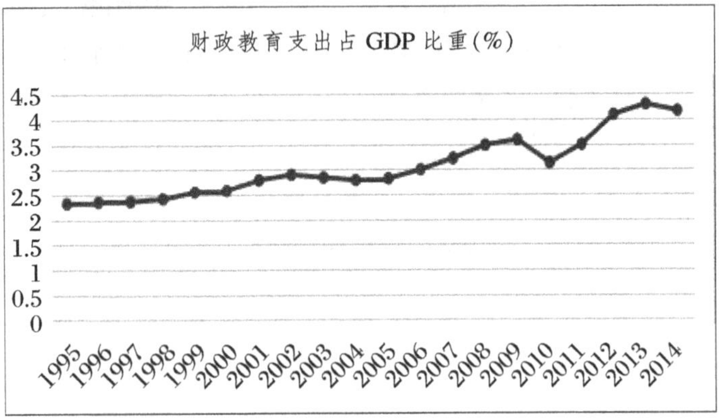

图 5-4 我国财政教育支出占 GDP 的比重

数据来源:根据中国统计局年度数据和各年中国统计年鉴计算得出。

虽然通过前面的数据我们知道，我国财政教育支出的总量一直在不断增长，但是绝对量的增长并不能代表相对指标的合理。 我国早在 1993 年就已经提出，我国的财政性教育经费支出要以占 GDP 的 4% 为目标。 但是 1995 年我国这一指标也才只有 2. 32% ，之后的时间里虽然这一比例在不断的提高当中，但直到 2012 年我国财政教育支出占 GDP 的比例才达到了 4% 的目标。 为了这一目标我们足足等待了近 17 年之久，充分反映出了我国教育领域发展的缓慢程度。 在之后的 2013 年、2014 年，我国的这一指标虽然也同样达到了 4% 的标准，但是就我国目前的基本国情而言，4% 的目标是远远不够的。 我国要始终使财政教育支出占 GDP 的比例要达到 4% 以上的国际标准要求还需要付出很大的努力。 总之，这一条道路我们刚刚启程，任重而道远。

根据上述四点的分析，可以总结概括出这样的结论：首先，虽然我国的财政教育支出总量一直在上升，从未出现下降的情况，而且财政教育支出总量已经名列全世界前几名，甚至在 2012 年我国财政教育支出占 GDP 的比重也达到了国际标准 4% 的水平，但是考虑到我国的基本国情也就是人口众多的现状，我国的人均教育支出仍然远远未达发达水平。 此外，财政教育支出占每年财政总支出的比例也很低，所以这一指标也有待提高。最后，因为教育这种公共产品的正外部性，所以对教育的支持应该由政府占主导，尤其是地方政府应该背负起地区教育发展的责任，促进地区教育发展，进而也可以促进经济的增长。

（二）我国财政教育支出的结构分析

1. 我国财政教育支出的三级结构不合理

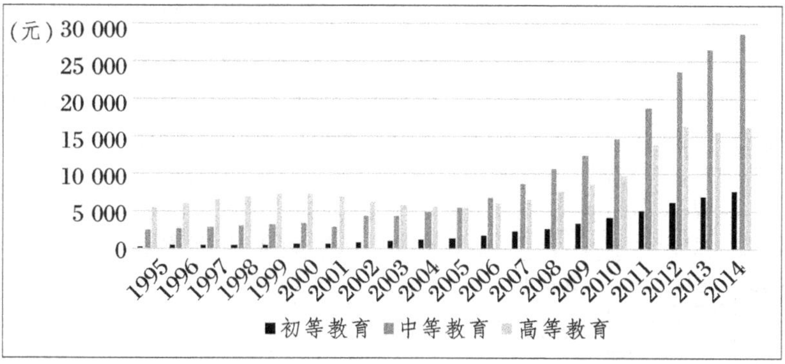

图 5–5　我国三级教育生均教育事业费支出

数据来源：根据中国教育执行情况公告计算得出。

按照全国统一口径，可以把教育大概分为三个等级，分别是初等教育、中等教育和高等教育。这里所统计的初等教育指普通小学，中等教育仅指普通中学、普通高中和中等职院，高等教育仅指普通高等教育。根据以往研究我们可以知道，不同层级教育所带来的社会收益不同。世界银行曾在其发布的《世界发展报告：知识与发展》中提到，三级教育的社会收益率在中高等收入国家为14.3：10.6：9.5，可以看得出高等教育的社会收益率是最低的，而高等教育所带来的社会收益率最高。从我国近几年的人均国民总收入数据可以知道我国属于中高收入国家，但是从图5－5可以很明显看到，虽然我国三级教育中高等教育比重在不断下降，中等教育比重开始上升，中等教育可以带来更高的社会收益率，但是我国初等教育的占比一直都很小，政府教育资金并没有偏向于初等教育。20年来，初等教育事业费支出虽然一直保持着上升的态势，但是它的比重远远低于中、高等教育。我们必须充分重视初等教育，加大对初等教育的投入力度，充分发挥它巨大的社会收益性。

2. 我国财政教育支出城乡结构分析

表5-2 城乡生均教育事业费情况 （单位：元/年）

年份	普通小学			普通初中		
	平均	农村	城市	平均	农村	城市
1995	265.78	219.31	312.25	492.04	392.59	591.49
1996	302.54	248.75	356.33	594.24	435.36	753.12
1997	333.81	275.06	392.56	591.38	468.06	714.70
1998	370.79	305.62	435.96	610.65	478.25	743.05
1999	414.78	345.77	483.79	639.63	508.58	770.68
2000	491.58	412.97	570.19	678.81	533.54	824.08
2001	645.28	550.96	739.60	817.02	656.18	977.86
2002	813.13	708.39	917.87	960.51	795.84	1 125.18
2003	931.54	810.07	1 053.01	1 052.00	871.79	1 232.21
2004	1 129.11	1 013.80	1 244.42	1 246.07	1 073.68	1 418.46
2005	1 327.24	1 204.88	1 449.6	1 498.25	1 314.64	1 681.86
2006	1 633.51	1 505.51	1 761.51	1 896.56	1 717.22	2 075.90
2007	2 207.04	2 084.28	2 329.8	2 627.42	2 433.28	2 821.56
2008	2 725.53	2 617.59	2 833.47	3 543.25	3 303.16	3 783.34
2009	3 357.92	3 178.08	3 537.76	4 331.62	4 065.63	4 597.61
2010	4 012.51	3 802.91	4 222.11	5 213.91	4 896.38	5 531.44
2011	4 966.04	4 764.65	5 167.43	6 541.86	6 207.10	6 876.62
2012	6 128.99	6 017.58	6 240.40	8 137.00	7 906.61	8 367.39
2013	6 901.77	6 854.96	6 948.58	9 258.37	9 195.77	9 320.97
2014	7 681.02	7 403.91	7 958.13	10 359.33	9 711.82	11 006.84

数据来源：由中国国家统计局在中国教育局网站上公布的全国教育经费执行情况统计公告计算整理而得。

通过对比1995—2014年的农村和城市财政教育事业经费的相关数据，可以得出以下结论：首先，1995年至2014年间，不论是城市还是农村地区，生均教育经费始终保持着增长的趋势，并且随着国家对教育的越发重视，这种趋势在未来也将保持；其次，无论是普通小学还是普通初中，农村生均教育经费一直都低于城市。出现上述情况的原因很明显，城市拥有雄厚优越的教育资源和教育设备，相反，农村地区缺乏基础教学设备，甚至师资力量都不足，所以出现上述现象不足为奇。最后，我们从表中可以看到城乡间教育经费差距在一点点缩小。这是一种好的趋势。我国农村地区教育的发展还有很大的空间，所以应重视城乡教育的均衡发展。

3. 我国财政教育支出区域结构分析：东部、中部和西部

表 5－3　2014 年全国各省(市、自治区)财政教育支出情况

地区	省(市、自治区)	数额(亿元)	合计(亿元)	平均数(亿元)
东部	北京	758.79	10 804.47	831.11
	天津	517.01		
	上海	674.36		
	江苏	1 485.19		
	浙江	1 018.57		
	福建	628.09		
	广东	1 779.50		
	河北	802.31		
	辽宁	604.14		
	山东	1 460.15		
	海南	170.71		
	黑龙江	502.22		
	吉林	403.43		

续表

地区	省（市、自治区）	数额（亿元）	合计（亿元）	平均数（亿元）
中部	山西	495.80	4 546.97	757.83
	河南	1 097.58		
	安徽	743.07		
	江西	696.22		
	湖北	690.63		
	湖南	823.67		
西部	重庆	447.14	5 990.68	499.22
	四川	1 051.39		
	贵州	631.83		
	云南	669.14		
	西藏	142.64		
	陕西	694.68		
	甘肃	401.10		
	宁夏	119.59		
	青海	156.23		
	新疆	558.25		
	内蒙古	459.34		
	广西	659.35		

数据来源：由中国国家统计局在中国教育局网站上公布的全国教育经费执行情况统计公告计算整理而得。

通过观察表 5 -3，分析 2014 年我国全国各个省份的财政教育支出情况，我们可以看出：经济发达地区的财政教育支出都比较高，比如居于首位的广东省，2014 年财政教育投入高达 1 779.50 亿元，可以很明显地看出财政教育支出较低的一些省份多集中于西部地区，比如宁夏、青海、西藏都不到 200 亿元，差距十分巨大，最高的和最低的差距高达 1 659.91 亿元。此外，根据我国的经济区域划分习惯，可以大致分为东、中、西三个区域。我们把三个区域所包含的各个省份的财政教育支出相加后除以其基数，可以得出一个结论：东部地区平均每个省份或地区的财政教育投入明显大于我国中部和西部地区。

通过上面的相关分析得出这样的结论：我国财政教育支出结构在地区间存在不合理，明显看得出我国对东部地区的支持力度是最大的，对中部、西部的关注力度远远不足，造成了三个地区教育的不公平，教育的不公平又进一步影响了区域间收入水平的差距扩大。虽然我国一直在实行西部大开发战略，但我们通过近些年的数据资料可以发现，力度还远远不够。虽然中部、西部财政教育支出不断增加，但相比于东部，差距依然明显。所以这种区域分配不均的现象还需要予以高度重视，不断推进区域间均衡发展。

二、财政教育支出影响城乡收入差距的实证分析

本章使用前文的泰尔指数来表示城乡收入差距，具体计算和指标前文已有描述，此处略去。

(一)总量模型构建

1. 模型及数据说明

本书分析财政教育支出对城乡收入差距的影响所采取的实证分析采用泰尔指数为被解释变量（Y），泰尔指数越大，说明城乡居民收入差距也就越大。在采用解释变量之前，我们首先假设有如下变量与表示城乡收入差距的泰尔指数相关，包括财政教育支出占 GDP 比例（X_1）、城乡义务教育生均预算内教育经费比（X_2）、农村占全国义务教育生均预算内教育事业经费比重（X_3），再引入 GDP 增长率（X_4）作为控制变量。建立多元线性回归模型估计不同财政教育支出指标对城乡居民收入差距的影响程度，模型如下：

$$Y = k + aX_1 + bX_2 + cX_3 + dX_4 + \varepsilon \tag{5.1}$$

其中，Y 代表泰尔指数，用以表示城乡居民间的收入差距，解释变量为财政教育支出占 GDP 比例（X_1）、城乡义务教育生均预算内教育经费比（X_2）、农村占全国义务教育生均预算内教育事业经费比重（X_3）、GDP 增长率（X_4），k 为常数项，ε 为随机扰动项。

样本的数据来源主要为1995—2014年的相关变量的统计数据，大多来自各年中国统计年鉴、中国教育统计年鉴和中国教育经费执行公告，详细数据请查看本书附录。

2. **数据检验及结论**

对于数据的检验分析，此处以SPSS软件作为分析工具，得出相关检验数据。

表5-4　总量模型相关检验结果

Pearson 相关性					
变量	Y	X_1	X_2	X_3	X_4
Y	1	0.108	-0.465	0.428	0.281

注：* 在0.05水平(单侧)上显著相关；* * 在0.01水平(单侧)上显著相关。

由上述相关性分析结果可知，X_1、X_3 和 X_4 与 Y 之间存在正相关关系，而 X_2 则与 Y 为负相关关系。其中，X_1 与 Y 之间的相关系数为0.108，为微弱正相关，相关性不明显；X_3 与 Y 之间的相关系数为0.428，为低度正相关；X_4 与 Y 的相关系数为0.281，也为低度正相关；而 X_2 与 Y 之间为负相关，即一个变量的增加会引起另一个变量减少，两者之间的相关系数为-0.465，为低度负相关。

表5-5　回归分析结果

模型	非标准化系数	t 值	Sig
常量	5.495	4.165	0.001
X_1	-0.019	-1.682	0.113
X_2	-1.567	-4.326	0.001
X_3	-0.037	-3.731	0.002
X_4	-0.002	-1.437	0.171

由表5-5可知，回归方程的结果为：

$$\hat{Y} = 5.495 - 0.019X_1 - 1.567X_2 - 0.037X_3 - 0.02X_4 \tag{5.2}$$

X_1 和 X_4 的 t 检验所对应的 P 值分别为0.113和0.171，均大于显著性水平0.05，也就是说它们对于被解释变量 Y 的影响不那么显著。而 X_2 和 X_3 的 t 检验对应的 P 值分别为0.001、0.002，均小于显著性水平0.05，可以说它们对变量 Y 的影响是显著的，所以我们重点研究 X_2 和 X_3 对 Y 的影响。

从检验的结果来看，在其他变量不变的前提下，当 X_2 变化1个单位时，Y 会相应地平均减少1.567个单位；同样，在其他变量不变的前提下，当 X_3 变化一个单位时，Y 会相应地平均减少0.037个单位。

表5-6　回归方程的显著性检验

模型	R	R 方	调整的 R 方
1	0.896	0.802	0.750

注：预测变量：(常量)，X_3，X_1，X_2。

模型	平方和	F 值	Sig
回归	0.007	15.235	0.000

注：a. 因变量：Y；b. 预测变量：(常量)，X_3，X_1，X_2。

由表5-6可知，R 方为0.802，调整的 R 方为0.750，即回归方程的拟合优度是非常高的。再者，从方差分析的角度出发，回归平方和为0.007，F 值为15.235，相应的 P 值为0，小于显著性水平0.05，所以我们认为回归方程是显著的，回归直线能够很好地分别解释 X_2、X_3 对 Y 的影响程度。

前面我们假设三个自变量都与城乡收入差距息息相关，但通过实证分析，我们最后证实有两个变量的相关性特别高，它们分别是农村占全国义务教育生均预算内教育事业经费比重和城乡预算内教育经费比。因此我们得出如下结论：

我们原本通过对比1995—2014年的数据，假设财政教育支出占GDP的比例也是城乡收入差距的显著因变量，但是实证分析却并不能证明这种假设。虽然我国财政教育占GDP的比例在2012年达到了4%的目标，但这显然不适应我国现阶段的国情。它对城乡收入差距有影响，但这种影响在现阶段的国情下并不显著，总量的多少只能说明城乡居民受教育的水平高低，对城乡收入差距的说明不是很明显。所以这个变量对于城乡收入差异的影响程度相比其他两个因素要弱了很多。

从实证分析的表达式中，我们可以看出在其他变量既定的前提下，农村占全国义务教育生均预算内教育事业经费比重每增加1个单位，城乡收入差距就平均缩小0.037个单位。可以看得出农村占全国义务教育生均预算教育经费比重对缩小城乡收入差距是有一定积极作用的。国家不断重视农村教育的投入，使得更多的农民可以加大人力资本的积累，有了更多的技术知识，有利于农村地区的发展，对于缩小城乡收入差距显然是有巨大贡献的。

如前所述，在其他变量既定的前提下，城乡义务教育生均预算内教育经费比每增加1个单位，城乡收入差距就平均缩小1.567个单位。二者之间的相关关系说明城乡间义务教育的差距对缩小城乡收入差距有很大的意义。国家所谓的“义务”从深层次上讲，就是强调农村的“义务”，只有将农村的义务教育办好，才能真正意义上实现全面义务教育的普及。城市的基础教育一直都很发达，一直以来就有着政府和社会等各方面的雄厚资金支持。但农村的基础教育则大不一样，如果没有国家实施的义务教育，可能会有大批的农村孩子由于家庭等原因上不起学，这将导致许多农村居民丧失在学校学习更多技能的机会，也就进一步加大了城乡间居民的收入差距。

（二）结构模型构建

1. 模型及数据说明

通过前面的分析，我们已经得出财政教育支出对城乡收入差距有很大的影响的结论。为了更清楚地说明财政教育支出与城乡收入差距的关系，接下来从城乡收入来源着手，分析财政教育重点影响城乡收入来源的哪个方面，并构建四个一元线性方程：

$$
\begin{aligned}
Y_1 &= a_1 + A_1X_2 + \varepsilon \\
Y_2 &= a_2 + A_2X_2 + \varepsilon \\
Y_3 &= a_3 + A_3X_2 + \varepsilon \\
Y_4 &= a_4 + A_4X_3 + \varepsilon
\end{aligned}
\tag{5.3}
$$

其中，Y_1、Y_2、Y_3、Y_4 为因变量，分别表示城乡工资性收入比、城乡经营性收入比、城乡财产性收入比、城乡转移性收入比，X_2 为自变量，用城乡义务教育生均预算内教育经费比来表示城乡教育差距。

样本的数据来源主要为1995—2014年的相关变量的统计数据，大多来自各年中国统计年鉴、中国教育统计年鉴和中国教育经费执行公告，详细数据请查看本书附录。

2. **数据检验及结论**

基于1995—2014年的数据，SPSS软件分析单结果如表5－7所示。

表5－7　结构模型相关性检测结果

Pearson 相关性				
变量	Y_1	Y_2	Y_3	Y_4
X_2	0.795	−0.966	0.617	0.336

注：＊＊在0.01水平(单侧)上显著相关；＊在0.05水平(单侧)上显著相关。

从表5－7的相关性分析结果可知，X_2 与 Y_1、Y_3 和 Y_4 之间存在正相关关系，其中，X_2 与 Y_1 之间的相关系数为0.795，为中度正相关；X_2 与 Y_3 之间的相关系数为0.617，也为中度正相关；X_2 与 Y_4 之间的相关系数为0.336，为低度正相关；而 X_2 则与 Y_2 之间为负相关关系，两者之间的相关系数为－0.966，为低度负相关。

表5－8　结构模型回归分析结果

模型1	非标准化系数	t 值	Sig
常量	−0.431	−0.357	0.725
X_2	5.205	5.559	0.000
因变量：Y_1			
模型2	非标准化系数	t 值	Sig
常量	2.119	19.247	0.000
X_2	−1.360	−15.923	0.000
因变量：Y_2			

续表

模型 3	非标准化系数	t 值	Sig
常量	−2.422	−1.430	0.170
X_2	4.367	3.324	0.004
因变量：Y_3			
模型 4	非标准化系数	t 值	Sig
常量	5.601	0.922	0.369
X_2	7.123	1.512	0.148
因变量：Y_4			

从表 5－8 的 SPSS 检测结果来看，在对 4 个 t 值的检验中，$Y_1 \sim Y_3$ 所对应的 P 值分别为 0、0、0.004，均小于显著性水平 0.05；但 Y_4 所对应的 P 值为 0.148，大于显著性水平 0.05，也就是说 X_2 对因变量 Y_4 的影响程度不是那么显著，于是我们可以简化为以下三个方程：

$$\hat{Y}_1 = -0.431 + 5.205X_2$$

$$\hat{Y}_2 = 2.119 - 1.360X_2$$

$$\hat{Y}_3 = -2.422 + 4.367X_2 \tag{5.4}$$

通过以上回归方程，我们可以知道：城乡教育差距每减小 1 个单位，将会使城乡工资性收入差距平均减少 5.202 个单位，经营性收入差距平均扩大 1.360 个单位，财产性收入差距平均减少 4.367 个单位。城乡教育差距对城乡收入来源的三个方面的影响各有差异：首先，城乡教育均衡发展对城乡居民工资性收入和财产性收入差距减少有积极的推动作用，教育的均衡能够使得农村居民有更多受教育机会，可以更好地进行人力资本的积累，从而使得农村居民可以得到更多的工资性收入，对于缩小城乡收入差距有巨大贡献。其次，教育均衡的发展使得越来越多的农村居民到城市发展，改变了原有的农村个体经营生存的模式，所以也就减少了经营性的收入。

第三节　中部地区财政教育支出影响城乡收入差距的实证研究

一、我国中部六省财政教育支出与城乡收入差距的现状描述

自古以来，教育都是一个国家综合实力的重要组成部分。随着我国科教兴国、人才强国战略的提出，教育的重要性又一次得到了证实。在我国如今经济飞速发展的背景下，有一个必须面对的问题，即城乡收入差距的不断扩大。通过前面对全国财政教育支出与城乡收入差距的研究我们知道了二者存在着千丝万缕的联系，为了细化二者之间的关系，接下来我们从中部六省的相关数据入手，对中部六省财政教育支出与城乡收入差距的关系进行分析。

（一）中部六省1996—2014年财政教育支出现状描述

表5－9　中部六省1996—2014年财政教育支出额（万元）

年份	河南	安徽	湖南	江西	湖北	山西
1996	889 331	517 117	636 640	347 347	629 907	389 331
1997	905 482	599 018	695 986	377 010	649 126	425 097
1998	950 190	627 896	711 488	405 836	798 036	441 510
1999	1 038 857	703 397	800 694	439 788	873 788	494 727
2000	1 038 857	703 397	800 694	439 788	873 788	494 727
2001	1 346 540	874 985	997 202	613 926	1 140 397	689 074
2002	1 555 518	1 061 198	1 151 361	684 152	1 292 427	774 619
2003	1 699 490	1 150 904	1 221 034	733 140	1 357 804	849 910
2004	1 966 366	1 386 904	1 409 498	831 076	1 531 661	1 012 934

续表

年份	河南	安徽	湖南	江西	湖北	山西
2005	2 357 389	1 575 071	1 669 162	979 639	1 681 181	1 289 169
2006	2 838 698	1 763 966	1 840 209	1 179 109	1 591 186	1 532 497
2007	4 075 505	2 441 218	2 628 646	1 857 367	2 297 161	1 948 361
2008	4 976 900	3 175 813	3 436 066	2 217 897	2 805 035	2 568 476
2009	5 869 145	3 596 935	4 031 176	2 706 434	3 407 313	2 977 295
2010	6 800 265	4 488 332	4 585 048	3 175 331	3 838 175	3 529 544
2011	9 292 217	6 461 027	5 846 551	5 036 882	4 787 821	4 451 667
2012	10 511 326	7 154 215	7 124 412	6 163 327	5 508 421	4 902 913
2013	11 734 221	7 315 112	8 007 215	6 522 416	5 919 012	5 113 720
2014	10 975 800	7 430 700	8 236 700	6 962 200	6 906 300	4 958 000

数据来源:各年中国教育年鉴和中国教育经费执行公告。

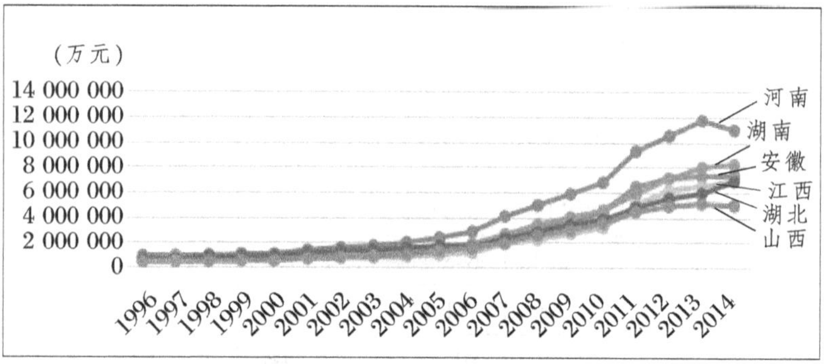

图 5-6 中部六省 1996—2014 年财政教育支出折线图

资料来源:根据中国教育经费执行公告相关数据计算得出。

从整体情况来看，中部六省财政教育支出都呈现增长的趋势。其中河南省财政教育支出最多，1996 年为889 331 万元，而到了2014 年增长到了10 975 800 万元，增长了近11 倍。出现这种情况与河南省为加快地区经济发展，加大了财政教育投入力度分不开。而江西省由于工业基础较差，经济发展水平相对较落后，所以财政教育经费投入较其他省要低。总的来说,各省每年都在加大对教育的投入。这表明国家与中部六省政府越来越重视教育的重要性，认识到了加大财政教育投入的重要性和紧迫性。

表 5－10　我国中部六省 1996—2014 年地方财政教育支出的比例分析

年份	财政教育平均支出量（亿元）	GDP 平均量（亿元）	财政教育支出占 GDP 比例（%）	GDP 增长率（%）
1996	57.02	2 246.96	2.54	11.01
1997	60.86	2 529.32	2.45	12.57
1998	65.58	2 720.28	2.50	8.14
1999	71.02	2 866.98	2.56	7.54
2000	78.71	3 150.13	2.63	9.88
2001	94.37	3 449.56	2.74	9.51
2002	108.66	3 781.31	2.87	8.77
2003	116.87	4 311.81	2.71	14.03
2004	135.64	5 269.39	2.57	22.21
2005	159.20	6 235.20	2.55	18.33
2006	179.10	7 265.10	2.47	16.52
2007	254.14	8 828.51	2.88	21.52
2008	319.67	10 673.43	3.00	20.90
2009	376.47	11 762.93	3.20	10.21
2010	440.28	13 541.21	3.25	15.12
2011	597.94	17 337.86	3.45	23.12
2012	689.40	18 305.53	3.77	7.34
2013	743.53	21 217.61	3.50	13.91
2014	757.83	23 102.05	3.28	8.88

数据来源：由国家统计局相关数据计算而得。

由表 5－10 可知，中部六省作为我国三大经济带之一，随着经济的不断进步，GDP 每年都保持着较快的增速；同时，随着经济的发展，中部六省对教育也越来越重视。从表 5－10 可知，财政教育占 GDP 的比重每年都在提高，这是一个好现象。但是这与 4% 的目标相比，还存在一定的距离。直到我们统计到的 2014 年，这一比重也只是 3.28% 而已，最高的年份也只有 3.77%。由于地方政府在财政教育支出承担了大部分，因而以后年份能否继续实现财政性教育经费支出占 GDP 4% 的目标，地方政府起到了决定性的作用。

表 5-11　中部六省 1996—2014 年生均财政教育经费支出情况

年份	初高等生均教育经费总和（元）	小学生均财政教育经费占初高等生均经费的比重（%）	中学生均财政教育经费占初高等生均经费的比重（%）	高中生均财政教育经费占初高等生均经费的比重（%）
1996	5 373.62	10.09	21.09	68.82
1997	6 450.57	11.51	24.51	63.98
1998	7 701.78	15.22	26.38	58.40
1999	9 019.61	18.13	27.07	54.80
2000	10 652.79	19.98	27.99	52.03
2001	12 401.82	23.04	29.23	47.74
2002	14 366.63	26.00	30.34	43.65
2003	15 032.23	28.07	30.71	41.22
2004	17 365.90	29.92	31.30	38.78
2005	20 733.56	30.19	32.92	36.88
2006	25 579.56	29.69	34.06	36.25
2007	34 809.15	30.42	37.32	32.26
2008	43 701.37	29.52	39.69	30.79
2009	53 067.17	29.64	40.85	29.51
2010	61 443.49	29.49	40.58	29.93
2011	82 210.82	28.36	39.26	32.38
2012	109 332.03	26.91	38.29	34.80
2013	123 312.94	27.42	39.18	33.40
2014	138 427.86	27.96	40.30	31.74

数据来源：据中国教育年鉴和中国教育经费执行公告及附件相关数据计算而得。

首先来分析中部六省小学生均财政教育经费占初高等生均经费的比重，2005 年以前，这一比重不断增加，从 10.09% 上升到了30.19%，这之后又开始下降，虽然个别年份有所上升，但总体保持在30%以下的水平。其次来看中学生均财政教育经费占初高等生均经费的比重，这一比重基本保持着上升的趋势。小学和中学财政教育经费比重的不断上升，符合我国现阶段的教育情况，也反映出中部六省越来越重视初等教育的财政支出，同时积极响应国家九年义务教育制度的政策。最后来看高中生均财政教育经费占初高等生均经费的比重，前文已经说过国家越来越重视初等教育，所以这一比重在逐年下降，而且通过表中数据可以看到下降的速度很快，由1996年的68.82%下降到2014年的31.74%。

（二）中部六省1996—2014年城乡居民收入差距现状

表5－12 我国中部六省1996—2014年城乡居民收入情况

年份	城镇居民人均可支配收入（元）	农村居民人均纯收入（元）	城乡人均收入比	泰尔指数
1996	4 355.18	1 809.18	2.60	0.097653977
1997	4 640.58	1 939.15	2.61	0.084975349
1998	4 881.63	2 033.06	2.70	0.08602526
1999	5 265.72	2 095.05	2.78	0.020561307
2000	5 556.47	2 147.95	2.80	0.109224433
2001	5 931.85	2 214.41	2.82	0.118967948
2002	6 432.48	2 271.93	2.83	0.134870345
2003	7 101.12	2 369.93	3.00	0.151313145
2004	7 886.52	2 692.78	2.93	0.144838938
2005	8 830.25	2 958.02	2.99	0.147587233
2006	9 911.27	3 279.92	3.02	0.14888614
2007	11 624.45	3 836.67	3.03	0.147738208
2008	13 196.85	4 436.67	2.97	0.141569049

续表

年份	城镇居民人均可支配收入（元）	农村居民人均纯收入（元）	城乡人均收入比	泰尔指数
2009	14 321.20	4 762.45	3.01	0.142269664
2010	15 911.90	5 464.68	2.91	0.132732574
2011	18 272.95	6 465.70	2.83	0.123624374
2012	20 649.55	7 360.55	2.81	0.119807762
2013	22 693.48	8 291.22	2.74	0.112338323
2014	29 381.0	9 892.0	2.97	0.092876054

数据来源：据《国家统计年鉴》计算得出。

由表5－12数据可知，中部地区不论是城镇居民人均可支配收入还是农村居民人均纯收入都在不同程度地增长。农村居民人均纯收入从1996年到2014年增长了4倍多，而城镇居民人均收入增长了近6倍。这是我们需要肯定的好的方面，但是我们从表5－12中的城乡人均收入比可以看到，城乡居民收入差距不仅存在而且还在不断地加剧。具体来说，1996年至2003年间收入差距在上升，而2004年和2005年又开始下降，之后的年份里这种情况反复出现，最高时曾达到了3.03，总体来看在2.5到3之间浮动变化。

二、中部六省财政教育支出影响城乡收入差距实证研究

（一）总量模型构建

1. 总量模型及数据说明

在对中部六省财政教育支出对城乡收入差距的影响所采取的实证分析中，采用泰尔指数作为因变量（Y），比值越大，说明城乡居民收入差距越大。首先假设中部六省财政教育支出占GDP比例与城乡收入差距联系紧密，引入中部六省人均GDP增长率作为控制变量，建立总量模型，通过SPSS软件的测算，得出不同财政教育支出指标对城乡居民收入差距的影响程度，模型如下：

$$Y = a + bX_1 + cX_2 + k \quad (5.5)$$

其中，Y 代表泰尔指数，用该指数表示城乡居民间的收入差距，因变量为财政教育支出占 GDP 比例（X_1）、中部六省人均 GDP 增长率（X_2），a 为随机变量，k 为干扰项。

2. **数据检验**

对于数据的检验分析，此处以 SPSS 软件作为分析工具，得出相关检验数据，见表 5－13。

表 5－13 总量模型相关检验结果

Pearson 相关性			
变量	Y	X_1	X_2
Y	1	0.157	0.569

注：＊＊在 0.01 水平（单侧）上显著相关；＊在 0.05 水平（单侧）上显著相关。

由表 5－13 相关性分析结果可知，X_1、X_2 与 Y 之间存在正相关关系，其中，X_1 与 Y 之间的相关系数为 0.157，为弱正相关，相关性较小；X_2 与 Y 之间的相关系数为 0.569，为中度正相关，相关性较大。

表 5－14 回归分析结果

模型	非标准化系数	t 值	Sig
常量	0.035	0.695	0.497
X_1	1.272	0.786	0.444
X_2	0.346	2.825	0.012

由上面的模型可知，回归方程的结果为：

$$\hat{Y} = 0.035 + 1.272X_1 + 0.346X_2 \quad (5.6)$$

但是我们发现 X_1 和 X_2 的 t 检验所对应的 P 值分别为 0.444 和 0.012，其中 X_1 的 P 值大于显著性水平 0.05，也就是没有通过回归系数的显著性检验，它对 Y 的影响很小。

前面我们假设中部六省财政教育支出占 GDP 比例与城乡收入差距联系紧密，通过实证分析后，我们最后的结论与我们的假设不相符。根据前面的数据资料我们可以知道，虽然中部六省财政教育支出和 GDP 一直在不断增长，但财政教育占 GDP 的比例显然不满足我国现阶段的国情，并且这一情况一直以来都存在，所以财政教育支出占 GDP 的比例这一变量对于城乡收入差异的影响程度弱了很多。

(二)结构模型构建

1. 模型及数据说明

通过上面总量模型的分析，我们得出中部六省财政教育支出与城乡收入差距关系在总量方面并没有想象中的那样密切。为了更清楚地说明财政教育支出与城乡收入差距的关系，我们从中部六省的财政教育生均经费入手来构建一个结构模型。

$$Y = aX_1 + bX_2 + cX_3 + \varepsilon \qquad (5.7)$$

其中，Y 为泰尔指数，X_1、X_2、X_3 的则分别表示小学生均财政教育经费占初高等生均经费的比重（%）、中学生均财政教育经费占初高等生均经费的比重（%）、高中生均财政教育经费占初高等生均经费的比重（%）。ε 代表随机变量。

2. 数据检验

表 5－15　总量模型相关检验结果

Pearson 相关性				
变量	Y	X_1	X_2	X_3
Y	1	0.703	0.450	－0.607

注：＊＊在 0.01 水平(单侧)上显著相关；＊在 0.05 水平(单侧)上显著相关。

从上述相关性分析可知，X_1、X_2 与 Y 之间存在正相关关系，其中，X_1 与 Y 之间的相关系数为 0.703，为中度正相关；X_2 与 Y 之间的相关系数为 0.450，为低度正相关；X_3 与 Y 之间存在负相关关系，两者之间的相关系数为－0.607，为中度负相关。

表 5－16　回归分析结果

模型	非标准化系数	t 值	Sig
常量	0.589	3.736	0.002
X_1	－19.840	－0.068	0.947

续表

模型	非标准化系数	t 值	Sig
X_2	−0.752	−2.572	0.020
X_3	−0.525	−3.543	0.003

从表5－16可知，变量 X_1 的 t 检验所对应的 P 值为0.947，大于显著性水平0.05，也就是说 X_1 对于 Y 的影响很小，而 X_2 和 X_3 的 t 检验所对应的 P 值分别为0.02和0.003，均小于显著性水平0.05，也就是通过了回归系数的显著性检验，所以最终回归方程可以写为：

$$\hat{Y}=0.589-0.752X_2-0.525X_3 \tag{5.8}$$

前面我们假设三个自变量与泰尔指数也就是城乡收入差距关系紧密，但通过实证分析后，只有两个变量与城乡收入差距的相关性特别高，分别是中学生均财政教育经费占初高等生均经费的比重和高中生均财政教育经费占初高等生均经费的比重。而中部六省的小学生均教育经费占初高等生均经费的比重则没有我们所假设的那样对城乡收入差距有很大的影响，究其原因，小学教育阶段的教育传授的只是很基础的知识，对于以后人力资本的积累作用远远没有中、高等教育那样显著，所以它对于缩小城乡收入差距的影响很小。

由以上实证可知，当其他因素不变的情况下，中学生均财政教育经费占初高等生均经费的比重每增加1个单位，中部六省城乡收入差距就会相应地平均缩小0.752个单位。我们也可以将中学生教育理解为我国的初等教育或义务教育的一部分，正如我们前面对全国进行的分析一样，由于农村地区经济水平和城市有很大的差距，农村教育资源的不足导致很多适龄儿童得不到受教育的机会，对于以后人力资本的积累很不利，会导致农村居民无法找到更好的工作，所以增加初等教育的财政教育经费对于缩小城乡收入差距有很大的帮助。

如前所述，当其他因素不变的情况下，高中生均财政教育经费占初高等生均经费的比重每增加1个单位，中部六省城乡收入差距就会相应平均缩小0.003个单位。随着国家对人才越来越重视，尤其是人才强国战略的提出，人们受教育的条件在一步步改善。在城市地区，人们的学历普遍都在高中及以上，而农村地区还远远没有达到这一水平。所以政府应该进一步加大对高等教育的投入，尤其是对农村地区高等教育的投入，此举将对缩小城乡收入差距发挥巨大的作用。

第四节　湖南省财政教育支出与城乡收入差距的关系研究

一、湖南省财政教育支出与城乡收入差距的现状描述

表 5－17　湖南省教育支出和城乡收入情况

年份	地区生产总值(亿元)	预算内财政教育支出(亿元)	财政教育支出占 GDP 比重(%)	地区生产总值增长率
1995	2 132.13	28.23	1.32	0.101
1996	2 540.13	37.41	1.47	0.191
1997	2 849.27	42.83	1.50	0.12
1998	3 025.53	50.43	1.67	0.062
1999	3 214.54	57.39	1.80	0.063
2000	3 551.49	62.99	1.77	0.105
2001	3 831.90	76.67	2.00	0.079
2002	4 151.54	103.41	2.50	0.083
2003	4 659.99	106.93	2.29	0.122
2004	5 641.94	126.07	2.23	0.211
2005	6 596.10	152.07	2.31	0.169
2006	7 688.67	180.01	2.34	0.166
2007	9 439.60	260.93	2.76	0.228
2008	11 555.00	338.99	2.93	0.224

续表

年份	地区生产总值(亿元)	预算内财政教育支出(亿元)	财政教育支出占 GDP 比重(%)	地区生产总值增长率
2009	13 059.69	395.94	3.03	0.130
2010	16 037.96	443.55	2.77	0.228
2011	19 669.56	569.62	2.90	0.228
2012	22 154.23	712.44	3.22	0.126
2013	24 501.67	800.72	3.27	0.106
2014	27 037.32	823.67	3.05	0.103

数据来源:由中国国家统计局在中国教育局网站上公布的全国教育经费执行情况统计公告计算整理而得。

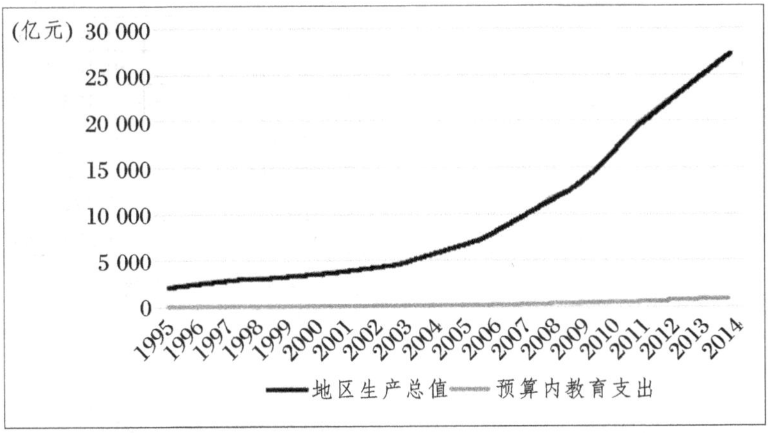

图 5-7　预算内教育支出情况

资料来源:各年中国财政年鉴和中国统计年鉴。

由表 5-17 和图 5-7 可以看到湖南省地区生产总值增长迅速，从 1995 年的 2 132.13 亿元到 2014 年的 27 037.32 亿元，增加了 11 倍之多，尤其是 2004 年之后增长速度明显加快许多。但是从图中可以很明显看到一个现象，即预算内财政教育支出基本无增长，这与快速增长的地区生产总值形成了鲜明的对比。一个地区在重视经济发展的同时不应该忽视地方教育的发展，教育对于地方发展意义重大。

表 5-18　湖南省城乡收入对比情况表

年份	农村居民人均纯收入	城镇居民人均可支配收入(元)	组间泰尔指数
1995	1 425.16	4 699.20	0.169880032
1996	1 792.25	5 052.10	0.127224746
1997	2 037.06	5 209.70	0.103513473
1998	2 064.85	5 434.30	0.11113387
1999	2 147.18	5 815.40	0.118701906
2000	2 197.20	6 218.70	0.132468745
2001	2 299.50	6 780.60	0.143606771
2002	2 397.90	6 958.56	0.139642501
2003	2 532.90	7 674.20	0.150929259
2004	2 837.80	8 617.48	0.150878755
2005	3 117.74	9 523.97	0.151574331
2006	3 389.62	10 504.67	0.153893819
2007	3 904.20	12 293.54	0.156089941
2008	4 512.46	13 821.16	0.147309334
2009	4 909.04	15 084.31	0.146729445
2010	5 621.96	16 565.70	0.136838808
2011	6 567.06	18 844.05	0.128677168
2012	7 440.17	21 318.76	0.12635687
2013	8 372.13	24 351.99	0.127686915
2014	10 060.17	26 570.16	0.106230264

数据来源：据中国国家统计局、湖南省统计局数据计算整理而得。

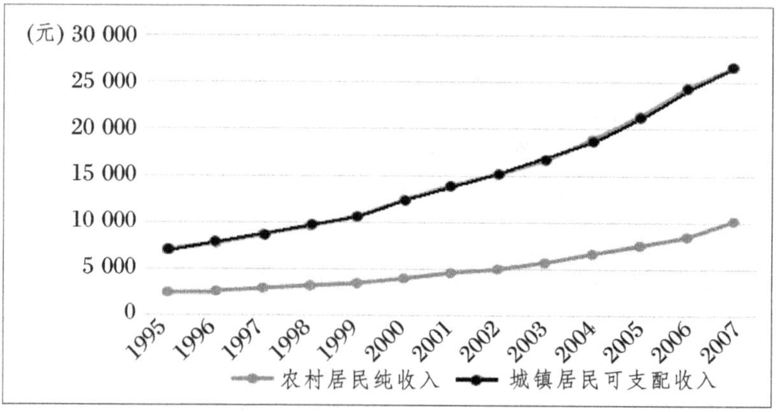

图 5-8　湖南省城乡收入情况

数据来源：据中国国家统计局、湖南省统计局数据计算整理而得。

由表5－18和图5－8我们可以发现以下的信息：（1）第一，农村居民人均纯收入还是城镇居民人均可支配收入都呈现不断上升的趋势，农村居民人均纯收入1995年至2014年增加了6倍；城镇居民人均可支配收入也增加了近5倍。第二，虽然农村和城镇居民收入都有很大的提高，但是无论从表格数据还是图中，我们都发现二者之间的差距不但没有缩小，反而在慢慢增大，尤其在图中可以很明显地看到两条线之间的距离不断加大，这也就意味着城乡收入差距在不断扩大中。

表5－19　湖南省三级教育情况表

年份	初、中、高等生均教育事业费总计(元)	初等占比	中等占比	高等占比
2000	6 476.43	0.05	0.41	0.54
2001	6 464.22	0.07	0.43	0.50
2002	6 844.47	0.11	0.46	0.43
2003	6 630.72	0.13	0.46	0.41
2004	7 104.80	0.15	0.48	0.37
2005	7 981.23	0.16	0.50	0.34
2006	9 219.36	0.16	0.54	0.30
2007	12 002.55	0.16	0.56	0.28
2008	15 937.94	0.15	0.57	0.28
2009	18 573.65	0.15	0.58	0.27
2010	20 272.84	0.15	0.60	0.25
2011	28 292.42	0.13	0.51	0.36
2012	40 060.04	0.12	0.54	0.34
2013	42 865.68	0.13	0.56	0.31
2014	43 035.83	0.15	0.57	0.28

数据来源：据中国教育局网站全国教育经费执行情况统计公告及附件计算整理而得。

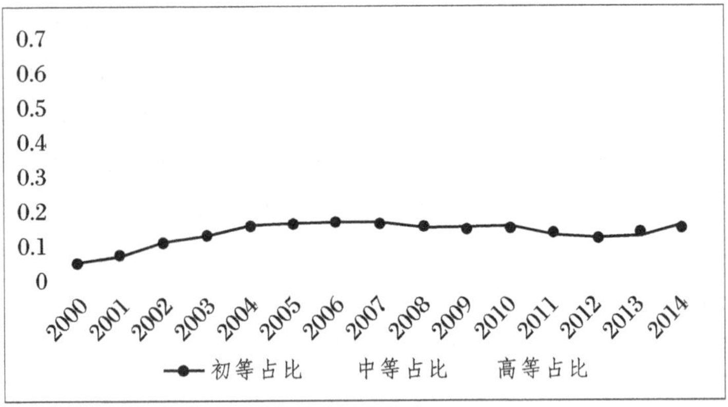

图 5-9 湖南省三级教育支出情况

数据来源:据中国教育局网站全国教育经费执行情况统计公告及附件计算整理而得。

通过表 5-19，我们可以看到初、中、高等生均教育事业费总和一直在不断增长。由图 5-9 则可以看到:初等教育生均教育事业费比重一直都不高，远低于中等和高等教育生均经费，即使有增长也只是微乎其微的增长；而中等生均教育事业费不断增长，即使个别年份有所下降，但整体趋势是上升的，且在 2002 年以后，该比重超过了高等教育的占比；对于高等教育而言，比重有所下降，这是一种好的趋势。但是，从图中我们清晰地看出湖南省三级教育支出结构是很不合理的，应得到进一步的优化。

二、湖南省财政教育支出影响城乡收入差距的实证分析

(一)总量模型构建

1. 总量模型及数据说明

在本部分的实证模型分析中，将湖南省的泰尔指数作为因变量（Y），比值越大，说明城乡居民收入差距越大，反之越小。同以前的模型假设一样，我们先假设湖南省财政教育支出占地区生产总值比例与城乡收入差距联系紧密，再引入湖南省地区生产总值增长率作为控制变量，建立总量模型。通过 SPSS 软件的测算，得出不同财政教育支出指标对城乡居民收入差距的影响程度，模型如下:

$$Y = a + bX_1 + cX_2 + k \tag{5.9}$$

其中，Y 代表湖南省泰尔指数，用以表示城乡居民间的收入差距，因变量为财政教育支出占地区生产总值比例（X_1）、湖南省地区生产总值增长率（X_2），a 为随机变量,k 为干扰项。

样本的数据来源主要为 2000—2014 年的相关变量的统计数据，大多来自《湖南省统计年鉴》和《中国教育经费执行报告》。

2. **数据检验**

对于数据的检验分析，此处以 SPSS 软件为分析工具，得出相关检验数据，见表 5－20。

表 5－20　回归分析结果

模型	非标准化系数	t 值	Sig
常量	0.164	8.692	0.000
X_1	−0.015	−2.235	0.045
X_2	0.107	1.938	0.077

从上面模型可知，回归方程的结果为：

$$\hat{Y} = 0.164 - 0.015X_1 + 0.107X_2 \tag{5.10}$$

由表可知 X_1 和 X_2 的显著性分别为 0.045 和 0.077，其中 X_1 的 t 检验对应的 P 值为 0.05，说明 X_1 对 Y 的影响显著。 由此可知，我们之前的假设是成立的，也就是财政教育支出占地区生产总值的比重与城乡收入差距紧密相关。

我们可以得出结论：在其他变量既定的情况下，财政教育支出占地区生产总值的比重每增加 1 个单位，城乡收入差距就平均缩小 0.015 个单位。 从人力资本理论我们知道对教育的投入有利于人力资本的积累，人力资本又关乎居民收入的高低。 所以湖南省既要发展经济又要缩小收入差距，加大对教育的投入力度是一条很不错的出路。

（二）结构模型构建

1. **模型及数据说明**

通过上面总量模型的分析，我们可以得出湖南省财政教育支出与城乡收入差距的关系与预测结果相反。为了更清楚地说明财政教育支出与城乡收入差距的关系，这次从湖南省的财政教育生均经费入手，构建一个结构模型。

$$Y = a + bX_1 + cX_2 + dX_3 + \varepsilon \tag{5.11}$$

其中，Y 为湖南省泰尔指数，X_1、X_2、X_3 分别表示小学生均财政教育经费占初高等生均经费的比重（%）、中学生均财政教育经费占初高等生均经费的比重（%）、高中生均财政教育经费占初高等生均经费的比重（%），ε 代表随机变量。

2. **数据检验**

表 5－21　回归分析结果

模型	非标准化系数	t 值	Sig
常量	0.008	0.135	0.895
X_1	0.525	2.381	0.035
X_3	0.181	2.148	0.053

从上面模型可知，回归方程的结果为：

$$\hat{Y} = 0.008 + 0.525X_1 + 0.181X_3 \tag{5.12}$$

X_1 和 X_3 的显著性分别为 0.035 和 0.053，其中 X_1 的 t 检验对应的 P 值为 0.035，小于 0.05，也就是说初等教育生均教育事业费所占比重对城乡收入差距的影响显著。我们可以得出结论：在其他变量不变的前提下，初等教育生均教育事业费占比每增加 1 个单位，城乡收入差距就平均增加 0.525 个单位。这一结论源于湖南省的自身发展情况。湖南省作为中部大省，近几年的发展非常迅速，不论是经济方面还是文化建设上都取得了巨大的进步。随着湖南人民收入水平的提高，适龄儿童接受初等教育的问题在湖南基本解决，对中、高等教育的需求也就上升。现在湖南城市地区最低学历都在高中及以上，而农村地区远远没达到这个水平，所以应该加大对农村地区中、高等教育的投入，提高农村地区居民掌握知识和技能的能力。这对于缩小城乡收入差距显然帮助很大。

第六章　税收制度影响城乡收入差距的效果分析

税收是我国财政收入最主要的组成部分，也是调节城乡收入分配的重要工具之一。通过完善和改革增值税、消费税和个人所得税等税收制度，可充分发挥税收调节收入分配的作用。

第一节　税收制度影响城乡收入差距的机理

一、税收调节收入分配职能述评

（一）关于税收调控收入分配职能的研究

在古典经济学研究中，对收入分配理论的研究主要集中于生产要素的功能分配，所以古典经济学背景下，税收对于收入分配的调控处于次要地位。关于税收收入分配的代表性人物主要有阿道夫·瓦格纳、埃奇沃思、阿尔弗雷德·马歇尔和阿瑟·庇古等。阿道夫·瓦格纳（1882）认为，税收会影响社会财富的分配，进而影响个人相互间的社会地位和阶级间的相互地位。此外，税收的负担应当在个人和各个阶级之间进行公平的分配，即应该通过征税来矫正社会财富的分配不均，缓解贫富两极分化，从而缓和阶级矛盾。埃奇沃思（1897）认为，税收的结果应该是让每个人的边际收入与获得的边际效用相等，即每个人的可支配收入应相同，为实现社会福利最大化，应把富人的收入通过个人所得税转移给穷人，实现收入的均等化。阿尔弗雷德·马歇尔（1890）极力主张使用累进税来缩小收入差距。阿瑟·庇古（1920）主张课征遗产税和具有累进性的收入税，同时辅以补贴等措施来改善收入分配，增进社会的福利水平。20世纪20年代末期到30年代初期，凯恩斯主张变革战后税收制度，以加强税收对收入分配的有效调节。新凯恩斯学派认为，税收对收入分配的调节作用主要体现在两个方面：一是累进税制所产生的“内在稳定器”作用；二是“相机抉择的税收政策”。新古典综合派的代表人物萨缪尔森认为：“围绕收入分配的问题在全部经济学中是最具争议性的。国家应该通过税收和政府转移支付来行使收入再分配权力。”从20世纪70年代开始，西方学者更加注重税收的经济增长作用，对税收的收入分配作用和政策目标的选择也发生了转变。此时，最为重要的税制理论为税制优化理论。税制优化理论从对税收制度中税种之间的相互关系分析入手，论证实现优化税收制度的税种结构和组合。税制优化理论强调了效率问题，而忽略了收入分配问题。

国内大部分学者都充分肯定了税收具有调节收入分配的功能。郭庆旺（1995）认为税收作为一种调整收入分配的有力工具，通过对高收入者课以高税，同时把资源用于有益于贫困者的支出上，能够改善收入分配状况。另外，他分析了调控收入分配的税种体系，认为税收对收入分配具有公平的效力。邓子基（1997）主要强调了消费税的税收调控作用，提出消费税在一定程度上能缓解社会分配不公和供求之间的矛盾，增强国家对经济的宏观调控能力，促进资源合理配置和产业结构合理化。吴云飞（2001）分析了我国20世纪80年代到90年代的居民收入分配差距趋势，在阐述了政府调控收入分配的重要性及紧迫性的同时，对我国税收调控收入分配的作用进行定性判断和理论分析，指出税收调控居民收入分配的可行性。安体富（2007）认为，税收对调节收入分配差距具有积极作用。他着重强调税收不仅是调节收入分配的重要手段，同时也是一种分配方式，税收的调节作用在国民收入三次分配中均有所体现。孔竞成（2013）强调了收入分配不公与收入分配差距之间的区别，认为收入分配不公应主要由推进政府体制改革、完善法律法规等手段来解决，而对于收入分配差距过大则可以通过税收或财政补贴等手段来调节。他注重研究分析税收在收入分配中的作用，其结论是通过优化税制结构，构建调节个人收入分配的税收体系，能够缩小收入分配差距。

（二）关于税收收入分配职能的实证研究

20 世纪 80 年代开始，西方学者对收入分配税收政策的研究更加注重实证，其中又侧重对所得税类的收入分配职能进行较为全面的实证研究，代表性的成果如下：Steuerle 和 Hartzmark（1981）通过对 1947—1979 年美国联邦个人所得税和居民收入分配的相关性分析，认为非应税所得、税收抵免和税率是影响个人所得税分配效应的重要因素。Kakwani 和 Lambert（1998）提出一种新的评估税收公平的方法，对澳大利亚的所得税进行了验证，结果表明最大的税收不公平因素源于横向不公。Branko Milanovic（1999）对一定时期七十多个国家或地区的初次分配与再分配后基尼系数的研究发现，个人所得税对缩小收入差距的贡献在欠发达国家更小，而且收入差距更大的国家越偏好向低收入者进行收入再分配。M. A. Cardenete 和 F. Sancho（2003）对西班牙征收个人所得税的情况进行实证分析，认为税制改革对经济有积极的刺激作用，能有效地改善收入分配不均的现象。Verbist（2004）采用了税收—转移支付模型（Tax – Benefit Moldel），对 15 个欧洲国家的个人所得税的再分配效应进行了比较分析，得出了平均税率和累进性对于缩小收入差距的贡献率。

王剑锋（2004）提出了流转税影响个人收入分配的理论模型，并据此分析了我国各阶层城镇居民消费支出数据，发现低收入阶层的流转税负担明显高于高收入阶层。这在很大程度上抵消了税收对收入分配的调节作用。李绍荣等（2005）通过实证分析，发现在我国现行经济制度和税收结构下，资本所有者和劳动所有者市场收入的分配差距会随着流转税、所得税、资源税和财产税份额的增加而扩大，而特定目的税和行为税份额的增加则会缩小分配差距。刘小川等（2008）运用 Kakwani 累进性指数分析了个人所得税税负与地区间收入差距的关系，研究发现，地区间工薪所得的个人所得税税负累进性已达到发达国家水平，而财产性所得与经营性所得存在较严重的地区税负差异问题，公平性严重缺失，且具有累退性。万莹（2012）对2002—2009年我国增值税、消费税和营业税在不同收入户城镇居民间的分布及其对收入分配的影响进行综合分析，认为增值税表现出明显的累退性，营业税表现出稳定的累进性，全部流转税呈现非常轻微的累退性；分类检验的结论表明，决定流转税收入调节效果的主导因素是消费品的需求收入弹性。通过恰当选择课税对象和实施差别税率，特定流转税完全有可能起到缩小收入分配差距的作用。

（三）关于进一步完善税收调控收入分配政策建议的研究

各研究从分析我国居民收入分配差距现状入手，寻找差距过大的财税原因，并提出缩小收入差距的财税政策建议。陈宗胜（1994）对收入分配差距的现状、产生根源进行了具体分析，简要阐述了如何运用税收政策手段缩小收入分配差距。李本贵（2004）认为调节个人收入分配税收政策应放在适当加大对高收入者的税收调节力度上，重点是减轻低收入者的税收负担。国小平、吴智峰（2009）认为，对个人收入的税收调控，必须逐步确立以个人所得税为主体，以财产税和社会保障税为保障，以其他税种为补充的体系，实施动态全过程调节和监控。刘永爱（2011）指出，当前要进一步完善个人所得税制度，积极探索税制改革，加大税收征管力度，并且还应建立一个以个人所得税为主，辅之以财产税、遗产税、赠与税等多种税种的完备的税收体系。通过累进税对高收入群体进行再分配调节，并利用支出手段去帮助弱势群体。孙静、王亚丽（2013）指出："鉴于税收对城镇与农村的再分配效应差异，我国应该进一步调整现行税制结构，完善收入监控机制，优化税收优惠政策的调节方向和力度。"高培勇（2014）指出，当前中国应在保证宏观税负水平基本稳定的前提下，减少间接税，增加直接税；减少由企业缴纳的税，增加由居民个人缴纳的税，建设一个融间接税和直接税、企业法人纳税与居民个人纳税为一体的大致均衡的税收体系格局；以税收制度的完善助推收入分配制度改革，进而实现收入分配制度的完善。

（四）文献评述

通过对国内外文献全面细致的梳理，可以发现研究成果主要集中在税收如何调节收入分配以及个人所得税调节收入分配等方面。国外研究产生了很多经典理论，这对我国学者的研究提供了很好的借鉴。不过，国内外研究有很大差别，主要表现在两个方面：一是由于我国调节收入分配的税种比较单一，因此许多学者在总体研究的基础上重点研究了个人所得税的作用，而国外研究的税种比较多样，还有财产税等税种；二是我国的研究多采用定性研究以及政策性研究，缺少相应的定量与实证分析，而且无论是从分析方法的规范性，还是从分析问题的细致程度上看，都与国外同类成果有着较大差距。造成我国税收政策调节收入效果实证分析难以深入和细化的原因，除了研究工具和方法不够成熟，一个很重要的方面是基础数据的欠缺。因此，积极开展基础数据收集和调查工作，尽快建立公开的税收数据库，开拓新的研究方法和研究视角，对我国税收调节与收入再分配之间的关系进行更加深入细致的研究，为我国税制改革提供更有价值的参考，将是未来研究我国税收调节与收入分配的发展趋势。

二、税收制度影响城乡收入差距的机理分析

税收是政府在市场经济条件下调节收入分配的最有力也最有效的手段之一，政府主要通过设计科学的税收制度和选择合理的税收政策工具来实现收入公平分配的目标。调节职能也是税收在市场经济中非常重要的职能之一。

（一）税收调节收入职能

税收取之于民、用之于民、造福于民，国家通过税收筹集财政收入，直接参与国民收入分配，再通过财政支出和转移支付等方式增加公共服务供给，改善居民收入状况，保障中低收入者的生活。同时，国家利用税收政策引导资源和要素合理流动、优化配置，使其在市场机制发挥基础性作用的前提下合理参与收入分配。国家还通过调整税种、税目、税率等税收要素，直接影响国民收入分配，达到合理调节收入分配的目的。如我国在个人所得税税率设计时，通常采用超额累进税率，最低税率 0，最高达到 45%，体现了高收入者多纳税、低收入者不纳或者少纳税，即量能纳税的基本原则。这样从居民收入的源头入手，自然缩小了收入的差

距。另外还有消费税、财产税等税种，都起到了不同程度缩小收入差距的作用。

公平的收入分配结构是市场经济能够有效运行的保证。税收是调节收入分配的重要工具，是由税收本身所固有的内在职能性质所决定的。税收的基本职能包括组织财政收入和公平收入分配职能。税收政策在经济运行过程中，直接或间接地参与收入分配，当中蕴含着对不同纳税人利益的调整以及对收入状况调控的必然性。税收的职能和特性决定了其可以作为政府调节收入分配的重要经济手段。

（二）税收乘数与收入分配的关系

税收乘数指税收的增加或减少引起国民收入减少或增加的程度。如果增加税收，居民（个人或企业）的可支配收入减少，进一步会引起消费和投资需求下降；一个部门收入的下降又会引起另一个部门收入的下降，如此循环下去，国民收入就会以税收增加的倍数下降，这时税收乘数为负值。相反，如果减少了税收，使私人消费和投资增加，从而通过乘数影响国民收入增加更多，这时税收乘数为正值。一般来说，税收乘数小于投资乘数和政府公共支出乘数，与转移支付乘数相等，方向相反。

税收乘数一般定义为：

$$K_2 = \frac{-b}{1-b} \tag{6.1}$$

其中，b 为边际消费倾向，K_2 为税收乘数。

税收变动产生的直接影响是改变居民可支配收入，从而改变消费支出。因此，如果政府采取减税政策，尤其是针对欠发达地区和低收入群体的定向减税政策，则会成倍刺激欠发达地区和低收入群体的社会有效需求，提高其经济增长水平，进而增加其收入水平，缩小与发达地区和高收入群体的收入差距。同样的道理，如果针对发达地区和高收入群体提高税收水平，则会适当降低其税后收入，逐步缩小收入差距。

（三）税收结构调节收入差距的机理

税收结构是指税收收入总量中各类（项）税收所占比重的结构关系，一般包括单一和复合税制两种。复合税制结构是指一个国家征收多种税的税制模式。这种税制模式比单一税制更能贯彻普遍征收和公平税负的原则。目前绝大多数国家是采用这种税制模式。复合税制一般都会存在主体税种选择问题。大部分发达国家一般以所得税为主体税种，更侧重税收的公平职能；发展中国家一般以商品税为主体税种，更侧重税收的财政职能。我国目前属于后者。不同的税收结构体现了不同的收入调节机制和水平。

1. 流转税调节城乡收入差距的机理分析

流转税指是通过商品价格的变动将全部或部分税收转移给他人负担的税类。国家可以利用税负转嫁的收入再分配效应来调节居民的收入分配。其中，通过消费税对奢侈品实行高税率课征，降低高收入者的消费能力，达到缩小收入分配差距的目的；增值税通过对必需品实行一系列的优惠措施并适当降低税率，可以减少低收入者承担的税负，达到调节收入分配的目的。然而我国现行的流转税体系是具有累退性质的，因此，流转税在一定程度上加剧了城乡收入差距。

2. 所得税调节城乡收入差距的机理分析

在再分配环节中，主要是所得税发挥调节作用。通过税收对高收入者和低收入者课以轻重程度不同的税负，调节收入差距，是对初次分配的有效补充：通过向企业征收所得税，减少投资者的资本收益，缩小其和普通劳动者间的收入差距；通过对个人所得征税，可以调节高低收入者的可支配收入，调节收入差距，而且所得税的征收可以采取超额累进税率来“劫富济贫”。超额累进税率指按课税对象的绝对额划分若干级距，每个级距规定的税率随课税对象的增大而提高，纳税人的课税对象按相应级距划分若干段，分段适用相应税率征税的税率制度。其最大优点是累进较缓和，是渐进式的，而不是跳跃式的；累进的名义税率与实际税率不一致，实际税率低于名义税率；在累进级距的分界点附近不会出现税款增加额大于课税对象增加额的不合理现象。因此，按超额累进税率征收的所得税是所有税类中最能体现税收公平收入分配作用的，是一个国家财政政策“内在稳定器”的工具之一。

第二节　全国税收制度影响城乡收入差距的效果分析

一、全国税收制度现状描述

税收是我国财政收入最主要的组成部分，一般占财政收入比重在90%左右。巨大的税收规模和多年的高速增长为税收发挥调节职能提供了坚实的经济基础。税收制度现状描述可以直观揭示税收制度的变化特征和规律。合理的税收制度能够有效缩小城乡居民收入差距。

（一）我国税收总量现状描述与分析

对于税收总量，一般可以从税收总量绝对规模和税收总量相对规模进行描述性分析。税收总量绝对规模指税收收入。税收总量相对规模指税收收入占GDP的比重。

1. 税收总量绝对规模分析

我国的税收总量绝对规模随着经济发展不断增加，具体如表6－1所示。

表6－1　全国税收绝对规模

年份	税收收入总额		GDP		弹性系数	边际倾向值
	值（亿元）	增速（%）	值（亿元）	增速（%）		
1978	519.28	10.89	3 650.20	11.60	0.94	0.13
1979	537.82	3.57	4 067.70	11.44	0.31	0.04
1980	571.70	6.30	4 551.60	11.90	0.53	0.07
1981	629.89	10.18	4 898.10	7.61	1.34	0.17
1982	700.02	11.13	5 333.00	8.88	1.25	0.16
1983	775.59	10.80	5 975.60	12.05	0.90	0.12
1984	947.35	22.15	7 226.30	20.93	1.06	0.14
1985	2 040.79	115.42	9 039.90	25.10	4.60	0.60
1986	2 090.73	2.45	10 308.80	14.04	0.17	0.04
1987	2 140.36	2.37	12 102.20	17.40	0.14	0.03

续表

年份	税收收入总额		GDP		弹性系数	边际倾向值
	值(亿元)	增速(%)	值(亿元)	增速(%)		
1988	2 390.47	11.69	15 101.10	24.78	0.47	0.08
1989	2 727.40	14.09	17 090.30	13.17	1.07	0.17
1990	2 821.86	3.46	18 774.30	9.85	0.35	0.06
1991	2 990.17	5.96	21 895.50	16.62	0.36	0.05
1992	3 296.91	10.26	27 068.30	23.62	0.43	0.06
1993	4 255.30	29.07	35 524.30	31.24	0.93	0.11
1994	5 126.88	20.48	48 459.60	36.41	0.56	0.07
1995	6 038.04	17.77	61 129.80	26.15	0.68	0.07
1996	6 909.82	14.44	71 572.30	17.08	0.85	0.08
1997	8 234.04	19.16	79 429.50	10.98	1.75	0.17
1998	9 262.80	12.49	84 883.70	6.87	1.82	0.19
1999	10 682.58	15.33	90 187.70	6.25	2.45	0.27
2000	12 581.51	17.78	99 776.30	10.63	1.67	0.20
2001	15 301.38	21.62	110 270.40	10.52	2.06	0.26
2002	17 636.45	15.26	121 002.00	9.73	1.57	0.22
2003	20 017.31	13.50	136 564.60	12.86	1.05	0.15
2004	24 165.68	20.72	160 714.40	17.68	1.17	0.17
2005	28 778.54	19.09	185 895.80	15.67	1.22	0.18
2006	34 804.35	20.94	217 656.60	17.09	1.23	0.19
2007	45 621.97	31.08	268 019.40	23.14	1.34	0.21
2008	54 223.79	18.85	316 751.70	18.18	1.04	0.18
2009	59 521.59	9.77	345 629.20	9.12	1.07	0.18
2010	73 210.79	23.00	408 903.00	18.31	1.26	0.22
2011	89 738.39	22.58	484 123.50	18.40	1.23	0.22
2012	100 614.28	12.12	534 123.00	10.33	1.17	0.22
2013	110 530.70	9.86	588 018.80	10.09	0.98	0.18
2014	119 175.31	7.82	635 910.20	8.14	0.96	0.18
2015	124 892.00	4.80	676 708.00	6.42	0.75	0.14

数据来源：国家统计局，2015 年税收收入总额和 GPD 数据来源于《2015 年国民经济和社会发展统计公报》。

根据表6-1可知，税收收入总额呈逐年递增的趋势，我国的税收总量绝对规模由1978年的519.28亿元增加到2015年的124 892亿元，增长了239.51倍，但近年来的增长速度放缓；从税收弹性值来分析，38年中有21年超过标准值1，说明税收收入增长速度平均超过GDP增长速度；从税收收入边际倾向值来分析，平均边际倾向值为0.16，充分说明随着每单位GDP增长，财政支出增长幅度较大。综上所述，总体上税收收入总额的增长快于GDP的增长。

2. **税收总量相对规模分析**

税收总量相对规模考虑了GDP的权重，可以较为直观地分析税收总量在GDP中的构成。

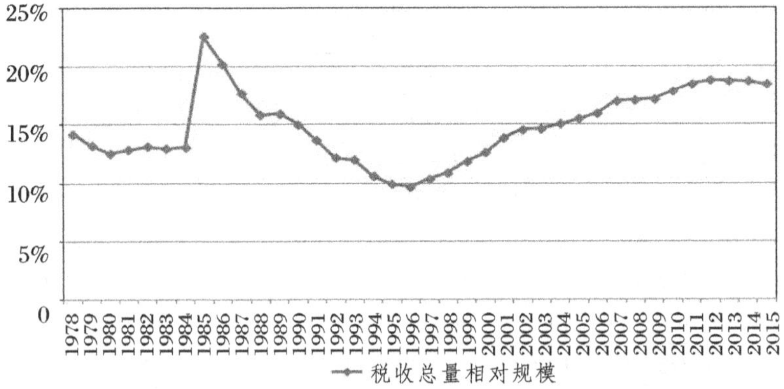

图6-1 全国税收总量相对规模变化趋势

根据图6-1可知，全国税收总量相对规模在1985年达到峰值，最大值为22.58%，在1985年以后呈现先下降再上升的倒“V”形变化趋势，拐点为1996年，即1985年至1996年的全国税收总量相对规模呈下降趋势，由1985年的22.58%下降至1996年的9.66%；1996年至2015年的全国税收总量相对规模呈上升趋势，由1996年的9.66%上升至2015年的18.46%。

（二）税收结构描述与分析

1. **税种结构分析**

虽然税收收入总量呈现逐年递增趋势，但对于税收结构而言，增值税、消费税和个人所得税等税种呈现此消彼长的变化特征，具体如表6－2所示。

表6－2　税收结构

年份	税收总额（亿元）	增值税		消费税		个人所得税		GDP（亿元）	宏观税负（%）
		总额（亿元）	比例（%）	总额（亿元）	比例（%）	总额（亿元）	比例（%）		
1994	5 126.88	2 308.34	45.02	487.40	9.51	72.7	1.42	48 459.6	10.58
1995	6 038.04	2 602.33	43.10	541.48	8.97	131.5	2.18	61 129.8	9.88
1996	6 909.82	2 962.81	42.88	620.23	8.98	193.2	2.80	71 572.3	9.65
1997	8 234.04	3 283.92	39.88	678.70	8.24	259.9	3.16	79 429.5	10.37
1998	9 262.80	3 628.46	39.17	814.93	8.80	338.6	3.66	84 883.7	10.91
1999	10 682.58	3 881.87	36.34	820.66	7.68	413.66	3.87	90 187.7	11.84
2000	12 581.51	4 553.17	36.19	858.29	6.82	659.64	5.24	99 776.3	12.61
2001	15 301.38	5 357.13	35.01	929.99	6.08	995.26	6.50	110 270.4	13.88
2002	17 636.45	6 178.39	35.03	1 046.32	5.93	1 211.78	6.87	121 002.0	14.58
2003	20 017.31	7 236.54	36.15	1 182.26	5.91	1 418.03	7.08	136 564.6	14.66
2004	24 165.68	9 017.94	37.32	1 501.90	6.22	1 737.06	7.19	160 714.4	15.04
2005	28 778.54	10 792.11	37.50	1 633.81	5.68	2 094.91	7.28	185 895.8	15.48
2006	34 804.35	12 784.81	36.73	1 885.69	5.42	2 453.71	7.05	217 656.6	15.99
2007	45 621.97	15 470.23	33.91	2 206.83	4.84	3 185.58	6.98	268 019.4	17.02
2008	54 223.79	17 996.94	33.19	2 568.27	4.74	3 722.31	6.86	316 751.7	17.12
2009	59 521.59	18 481.22	31.05	4 761.22	8.00	3 949.35	6.64	345 629.2	17.22
2010	73 210.79	21 093.48	28.81	6 071.55	8.29	4 837.27	6.61	408 903.0	17.90
2011	89 738.39	24 266.63	27.04	6 936.21	7.73	6 054.11	6.75	484 123.5	18.54
2012	100 614.28	26 415.51	26.25	7 875.58	7.83	5 820.28	5.78	534 123.0	18.84
2013	110 530.70	28 810.13	26.07	8 231.32	7.45	6 531.53	5.91	588 018.8	18.80
2014	119 175.31	30 855.36	25.89	8 907.12	7.47	7 376.61	6.19	636 138.7	18.73
2015	124 892	31 109	24.91	10 542	8.44	8 618	6.90	676 708	18.46

数据来源：1978—2014年数据根据各年中国统计年鉴整理计算；2015年税收数据来源于《2015年财政收支情况》；GDP数据来源于国家统计局网站初步数；百分比保留两位数（四舍五入）；宏观税负＝年度税收收入/年度GDP。

根据表 6－2 可知，在增值税、消费税和营业税中，增值税占税收的比重最大，但呈逐年下降趋势。其中，增值税税额从 1994 年的 2 308.34 亿元上升到 2015 年的 31 109 亿元，所占税收总额的比例从 45.02% 下降到 24.91%；消费税税额从 487.4 亿元上升到 10 542 亿元，其比重从 9.51% 下降到 8.44%；而个人所得税税额从 72.7 亿元上升到 8 618 亿元，其比重从 1.42% 上升到了 6.90%；整体宏观税负呈现持续增长趋势，从 1994 年的 10.58% 上升到 2015 年的 18.46%。

2. 税制层级结构分析

此外，我国税制的层级结构主要是中央和地方税收收入的比重。中央和地方税收收入比重分别指中央和地方税收收入占全国税收收入的比重。具体如图 6－2 所示。

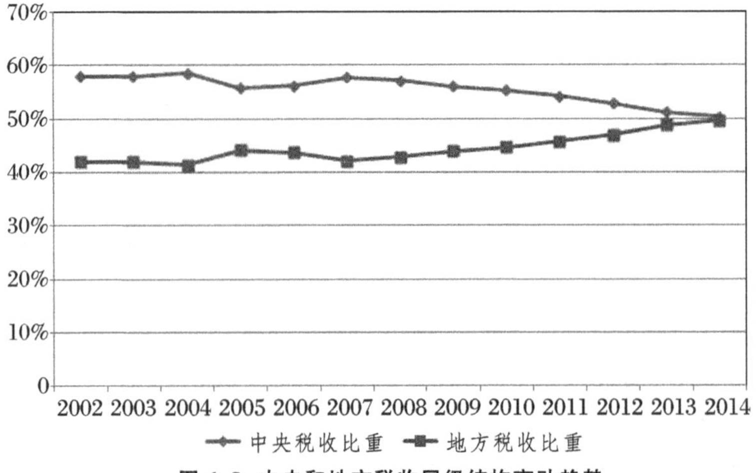

图 6-2 中央和地方税收层级结构变动趋势

根据图 6－2 可知，从总量来看，中央税收比重大于地方税收比重；但从变化趋势来看，中央税收比重呈下降趋势，而地方税收比重呈上升趋势，导致中央税收比重和地方税收比重的差距逐年缩小。2014 年中央税收比重为 50.38%，地方税收比重为 49.62%，两者差距仅为 0.76%。

二、全国税收制度影响城乡收入差距的实证研究

本节基于 1978 年至 2014 年的时间序列数据，分别从规模和结构来研

究全国税收制度对城乡收入差距的影响，其中城乡收入差距使用泰尔指数加以衡量。具体而言，使用VAR模型来度量全国税收总量和规模对城乡收入差距的影响；使用ECM模型来度量全国税收结构对城乡收入差距的影响。

(一)税收规模影响城乡收入差距的实证分析——基于VAR模型

1. 变量选择与模型设置

本节首先从税收收入规模的角度研究城乡收入差距问题，即税收收入规模作为解释变量，使用税收收入占GDP的比重衡量税收收入规模，记为X；城乡收入差距作为被解释变量，使用泰尔指数衡量我国城乡收入差距，记为Y。

合适的模型对刻画税收规模与城乡收入差距的准确关系至关重要。由于税收规模和城乡收入差距之间可能存在相互影响的关系，本书虽然研究的是税收规模对城乡收入差距产生的影响，但反过来城乡收入差距也会对税收规模产生一定影响。在现实经济中，税收规模和城乡收入差距存在着互相影响的关系。如果按照传统的计量模型来分析税收规模对城乡收入差距的影响，往往导致模型效果不是很好或者回归结果不符合经济理论预期，不能全面准确地反映真实的相关关系。为解决这一问题，本处引入向量自回归模型（VAR）。VAR模型描述被解释变量和解释变量互为影响的关系强度，比一般经济模型更为全面和准确。

此外，为了保证税收收入规模与泰尔指数在数据结构上的一致性和平稳性，克服回归模型中可能存在的异方差和多重共线性，故对其均进行了对数化处理。根据VAR模型的原理，具体模型设置如下：

$$\begin{aligned}\ln Y_t &= A_1\ln Y_{t-1} + A_2\ln Y_{t-2} + \cdots + A_p\ln Y_{t-p} + BX_t + \varepsilon_t \\ \ln X_t &= A_1\ln X_{t-1} + A_2\ln X_{t-2} + \cdots + A_p\ln X_{t-p} + BY_t + \varepsilon_t\end{aligned} \tag{6.2}$$

2. 实证结果与分析

（1）单位根检验。为了避免可能出现伪回归的现象，在建立回归方程和实证分析之前，有必要对变量序列的数据进行单位根检验，以避免时间序列中的数据产生较大的随意波动性，从而导致解释变量对被解释变量影响的准确性大打折扣。因此，此处主要使用ADF检验来事先判断所取变量是否通过单位根检验、序列数据是否平稳。此处基于 SIC 准则进行单位根检验。

表 6-3　一元模型 ADF 检验

变量	检验形式*	ADF 统计值	临界值**	结论
$\ln Y$	$(C,T,0)$	-0.334321	-3.658446	非平稳
$\Delta\ln Y$	(0,0,1)	-2.932534	-1.961409	平稳
$\ln X$	$(C,T,0)$	-1.036976	-3.658446	非平稳
$\Delta\ln X$	(C,0,0)	-3.038631	-3.029970	平稳

注：*检验形式为 (C,T,K)，其中 C、T、K 分别表示含常数项、时间趋势项和滞后阶数；**临界值表示在5%的显著性水平下取得。

由表6-3可知，原变量（$\ln Y$ 和 $\ln X$）ADF 检验的 t 统计量值均大于显著性水平为5%的临界值，即均不是平稳的时间序列；但经过一阶差分之后（$\Delta\ln Y$ 和 $\Delta\ln X$）的变量正好相反，ADF 检验的 t 统计量值均小于显著性水平为5%的临界值，即均是平稳的时间序列。因此，通过单位根检验的结果可知，变量均为一阶单整 $I(1)$，即变量之间可能会存在协整关系，需要通过协整检验加以验证。

（2）协整检验。协整检验的目的在于判断和衡量税收和城乡收入差距之间的长期的稳定均衡关系。此处选择 Johansen 检验方法检验。但在协整检验之前，需要确定 VAR 模型的滞后阶数：若 VAR 模型滞后阶数过小，不能全面反映模型的动态特征；若 VAR 模型滞后阶数过大，导致估计参数增加，自由度损失严重。因此，必须权衡模型的滞后阶数，选择一个最优的滞后阶数。

表 6-4　VAR 模型最优滞后阶数的确定

阶数	截距 L	LR 估计	FPE 估计	AIC 估计	SC 估计	HQ 估计
0	17.23714	—	0.000571	-1.792605	-1.694580	-1.782861
1	74.62685	94.52422*	1.08e-06	-8.073747	-7.779672	-8.044515
2	81.14265	9.198776	8.24e-07	-8.369723	-7.879598*	-8.321004
3	86.42551	6.215126	7.58e-07*	-8.520648*	-7.834472	-8.452440*
4	88.99040	2.414021	1.03e-06	-8.351812	-7.469586	-8.264117

注：*表示模型自选最优滞后序列标准。

由表6－4可知，5个估计量中有3个的最优滞后阶数均为3阶，故确定模型的最优滞后阶数为3，据此得到Johansen检验结果如表6－5所示。

表6－5　协整检验

方程数(原假设)	特征根	迹统计量	5%临界值	概率**
没有*	0.816486	30.51833	14.26460	0.0001
最多一个	0.001792	0.032293	3.841466	0.8573

注：**表示在5%显著性水平下接受原假设，*表示在5%的显著性水平下拒绝原假设。

由表6－5可知，第一个原假设为“变量之间没有协整关系”，迹统计量大于显著性水平为5%的临界值，说明变量之间至少存在1个协整关系；第二个原假设为“变量之间最多存在1个协整关系”，迹统计量小于显著性水平为5%的临界值，说明变量之间最多存在1个协整关系。综上所述，变量之间存在1个协整关系。协整方程为：

$$\ln Y = 5.038\ln X \tag{6.3}$$

上述公式表明，税收对城乡收入差距的影响是正向的，即税收的增加会导致城乡收入差距的扩大。具体而言，税收每增加1%，城乡收入差距会平均扩大5.038%。税收总量的增加无益于缩小城乡收入差距，税收总量的减少能够缩小城乡收入差距。但在税收总量既定的情况下，税种的比例和增减变化对城乡收入差距的影响还有待于验证。

（3）Granger因果关系检验。Granger因果关系检验的目的在于确定$\ln Y$和$\ln X$之间是否存在统计意义上的相关关系，即研究城乡收入差距的存在是否构成税收扩大的格兰杰原因，而税收是否也是构成城乡收入差距扩大的格兰杰原因。根据最优滞后期为3的设定，Granger因果关系检验结果如表6－6所示。

表6－6　Granger因果关系检验结果

原假设	样本量	F统计量	概率(5%)
$\ln X$不是$\ln Y$的格兰杰原因	18	9.78286	0.0019
$\ln Y$不是$\ln X$的格兰杰原因		0.24304	0.8645

从表6－6可知，在显著性水平为5%和最优滞后阶数为3的条件下，

由 F 统计量对应的 P 值可知，税收是城乡收入差距的格兰杰原因，但城乡收入差距不是税收的格兰杰原因。这说明税收导致城乡收入差距变化的渠道是畅通的，税收能够影响城乡收入差距。

（4）脉冲响应分析。协整方程说明税收和城乡收入差距的长期均衡关系，VAR 模型加入变量的滞后期，重点说明税收和城乡收入差距的短期动态关系。根据最优滞后阶数为 3 的设定，VAR 模型的结果如下：

$$\begin{bmatrix} \ln Y_t \\ \ln X_t \end{bmatrix} = \begin{bmatrix} 0.957, 0.564 \\ -0.106, 1.118 \end{bmatrix} \begin{bmatrix} \ln Y_{t-1} \\ \ln X_{t-1} \end{bmatrix} + \begin{bmatrix} 0.064, & 0.074 \\ 0.207, & -0.150 \end{bmatrix} \begin{bmatrix} \ln Y_{t-2} \\ \ln X_{t-2} \end{bmatrix} + \begin{bmatrix} 0.019, & -0.854 \\ -0.066, & -0.099 \end{bmatrix} \begin{bmatrix} \ln Y_{t-3} \\ \ln X_{t-3} \end{bmatrix} + \begin{bmatrix} -0.382 \\ -0.156 \end{bmatrix} \tag{6.4}$$

对于 VAR 模型的检验，本书采用 AR 根的方法来判别模型的好坏。AR 根的结果如图 6－3 所示。

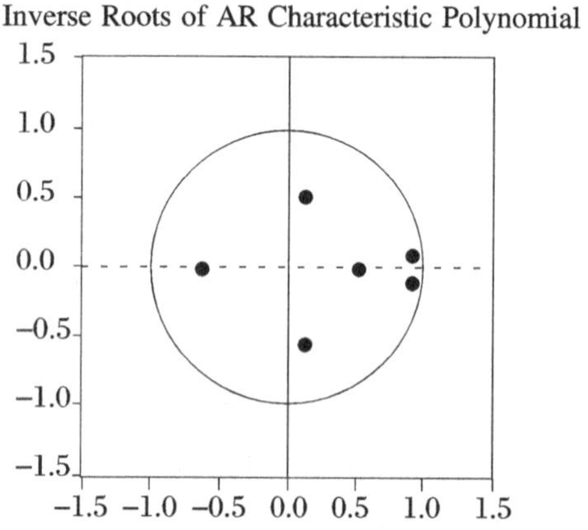

图 6–3 AR 根图

由图 6－3 可知，该模型的 6 个特征方程根的投影均位于单位圆之内，说明该 VAR 模型具有稳定性，最优滞后阶数的设定和 VAR 模型的结果均较好。

根据 VAR 模型的结果，可以量化分析税收和城乡收入差距的短期动态关系。但为了更直观和全面地反映税收和城乡收入差距的跨期动态关系，先进行脉冲响应函数图分析。

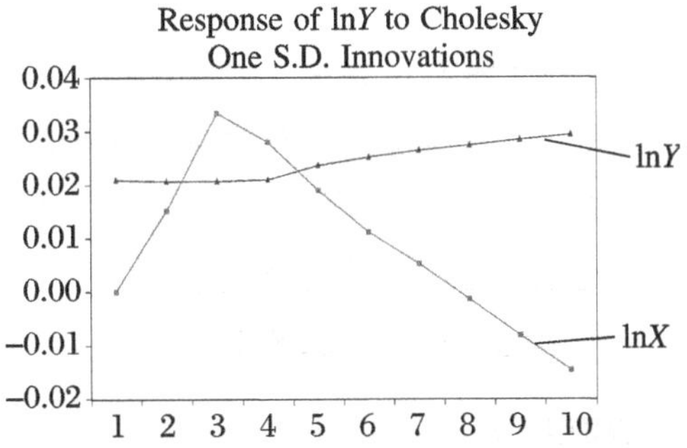

图 6–4　税收对城乡收入差距的脉冲响应函数图

从图 6 – 4 可知，城乡收入差距对自身的冲击响应是正向冲击且冲击力度平缓上升，而城乡收入差距对来自税收的冲击响应具有明显的变化过程：在滞后前 3 期为正值，并在滞后第 3 期达到最大值，随后正向冲击力度迅速下降，从滞后第 8 期开始转正为负。从图中可知，从整体来说，税收对城乡收入差距的正向冲击效应整体要大于负向冲击效应，说明税收的增加导致城乡收入差距的扩大，即使税收滞后期有负向冲击效应的发展趋势，这种滞后期的影响力度也只会减弱而不会丧失。

（5）方差分解。方差分解可以分析每个新息冲击对内生变量变化的贡献度，进而了解各个新息对于内生变量的相对重要性。

表 6 – 7　对城乡收入差距的方差贡献率（%）

滞后期	标准差	lnY	lnX
1	0.020926	100.0000	0.000000
2	0.033093	79.03917	20.96083
3	0.051389	49.00244	50.99756
4	0.062169	44.87597	55.12403
5	0.069171	47.93499	52.06501
6	0.074434	52.83295	47.16705
7	0.079143	57.85668	42.14332
8	0.083756	62.33991	37.66009
9	0.088826	65.66498	34.33502
10	0.094684	67.38464	32.61536

从表6－7可知，在跨期为10期的方差贡献率中，税收对城乡收入差距预测误差的贡献率呈先增后减的变化趋势，并在第4期达到了峰值55.124%。同时，城乡收入差距自身的预测误差贡献率相对呈下降的趋势。但总体而言，税收预测误差的贡献率始终偏小。

（二）税收结构影响城乡收入差距的实证分析——基于ECM模型

1. 变量选择与模型设置

本书继续从税收结构角度研究其对城乡收入差距的影响。对于税收结构，此处选取增值税、消费税、营业税、企业所得税、个人所得税和其他税收，基本涵盖税收的主要部分。另外，由于税收结构不是影响城乡收入差距的主要因素，城乡收入差距可能还会受到一些非税收结构因素的影响，为了更为全面地反映城乡收入差距的影响因素，此处还增添了相关的控制变量，具体的变量解释如表6－8所示。

表6－8　各个变量的符号和含义

变量分类	变量符号	变量含义
被解释变量	Y	泰尔指数，反映城乡收入差距
解释变量	X_1	国内增值税占税收收入的比重
	X_2	国内消费税占税收收入的比重
	X_3	营业税占税收收入的比重
	X_4	企业所得税占税收收入的比重
	X_5	个人所得税占税收收入的比重
	X_6	其他税收占税收收入的比重
控制变量	L_1	人均GDP，反映经济发展水平
	L_2	城镇人口占总人口的比重，反映城市化水平
	L_3	地方财政收入占全国财政收入的比重，反映财政分权水平

然后对税收结构和城乡收入差距建立多元回归模型。同理，为了避免在时间序列的数据中易产生的异方差影响，对所有变量进行了对数化处理。具体模型设置如下：

$$\ln\hat{Y} = a + b\ln X_1 + d\ln X_2 + g\ln X_3 + l\ln X_4 + v\ln X_5 + s\ln X_6 + h\ln L_1 + i\ln L_2 + m\ln L_3 + \hat{\varepsilon} \tag{6.5}$$

2. 数据的选取与来源

本处数据均来自各年中国统计年鉴，2014 年税收数据来源于财政部国库司《2014 年财政收支情况》，其中，增值税和消费税均不包含进口产品的增值税和消费税。2014 年国内生产总值数据来源于国家统计局《2014 年国民经济和社会发展统计公报》。

3. 实证结果与分析

（1）单位根检验。根据前文一元模型的思想，在进行估计结果之前，首先要对各个变量的数据进行 ADF 检验，以验证该序列的数据是否平稳。其检验结果如表 6－9 所示。

表 6－9　多元模型 ADF 检验

变量	检验形式*	ADF 统计值	临界值**	结论
$\ln Y$	$(C,T,0)$	−0.334321	−3.658446	非平稳
$\Delta\ln Y$	$(C,0,1)$	−2.932534	−1.961409	平稳
$\ln X_1$	$(C,0,1)$	−0.405899	−3.029970	非平稳
$\Delta\ln X_1$	$(C,0,0)$	−2.352475	−1.960171	平稳
$\ln X_2$	$(C,T,0)$	−1.551578	−3.658446	非平稳
$\Delta\ln X_2$	$(C,T,0)$	−3.932467	−3.673616	平稳
$\ln X_3$	$(C,T,1)$	−2.639357	−3.658446	非平稳
$\Delta\ln X_3$	$(C,0,0)$	−3.251186	−3.029970	平稳
$\ln X_4$	$(C,T,1)$	−3.271733	−3.673616	非平稳
$\Delta\ln X_4$	$(C,T,1)$	−3.986519	−3.690814	平稳
$\ln X_5$	$(C,T,0)$	−3.281895	−3.658446	非平稳

续表

变量	检验形式*	ADF 统计值	临界值**	结论
$\Delta\ln X_5$	$(C,0,0)$	-3.366012	-3.029970	平稳
$\ln X_6$	$(C,T,0)$	-1.930423	-3.658446	非平稳
$\Delta\ln X_6$	$(C,0,1)$	-3.261315	-3.040391	平稳
$\ln L_1$	$(C,0,4)$	-0.901061	-3.065585	非平稳
$\Delta\ln L_1$	$(C,0,0)$	-3.145431	-3.029970	平稳

注：*检验形式为(C,T,K)，其中C、T、K分别表示含常数项、时间趋势项和滞后阶数；**临界值表示在5%的显著性水平下取得。

从表6-9的数据可知，各个变量的数据均是不平稳的，但引入一阶差分之后，新的序列数据变成平稳的时间序列。因此，可以确定所有变量均为一阶单整$I(1)$，变量之间可能存在协整关系，应该对其进行协整检验。

（2）协整检验。为简化协整检验的过程，本处使用EG检验。在进行EG检验之前，首先要根据各个变量得到回归结果，得出回归估计方程如下：

$$\ln\hat{Y} = -0.694\ln X_1 + 0.091\ln X_2 - 0.371\ln X_3 - 0.230\ln X_4 + 0.013\ln X_5 - 0.522\ln X_6 - 0.042\ln L_1 + 0.523\ln L_2 - 2.202\ln L_3 - 5.614 \tag{6.6}$$

然后检验回归残差的平稳性，即对残差项的序列$\hat{\varepsilon}$进行ADF检验，检验结果如表6-10所示。

表6-10　多元模型的残差ADF检验结果

变量	检验形式*	ADF统计值	1%临界值	5%临界值	10%临界值	结论
$\hat{\varepsilon}$	$(C,T,1)$	-4.783112	-4.532598	-3.673616	-3.277364	平稳

注：*检验形式为(C,T,K)，其中C、T、K分别表示含常数项、时间趋势项和滞后阶数。

由于残差序列的ADF统计值均小于1%、5%和10%的显著性水平下的临界值，因此可以认定估计残差序列$\hat{\varepsilon}$为平稳序列，存在协整关系，即解释变量和被解释变量之间存在比较稳定的长期均衡关系。

（3）误差修正模型（ECM）。虽然变量之间存在协整关系，但从短期来看，仍然可能会上下随机波动和偏离均衡关系，出现失衡的情况。为了解决这一短期偏离均衡的问题，我们使用误差修正模型（ECM）来加以修正，以进一步了解变量之间短期动态均衡的关系，并分析如何使短期偏离值回到长期均衡值。本处设置的误差修正模型如下：

$$\begin{aligned}\Delta \ln Y = {} & \phi + \mu_1 \Delta \ln X_1 + \mu_2 \Delta \ln X_2 + \mu_3 \Delta \ln X_3 + \mu_4 \Delta \ln X_4 \\ & + \mu_5 \Delta \ln X_5 + \mu_6 \Delta \ln X_6 + \mu_7 \Delta \ln L_1 + \mu_8 \Delta \ln L_2 \\ & + \mu_9 \Delta \ln L_3 + \eta \, \mathrm{ecm}_{t-1}\end{aligned} \tag{6.7}$$

其中，ecm_{t-1} 表示协整方程的一阶残差滞后序列，也是该模型滞后一期的误差修正项，根据误差修正项的系数可知短期偏离长期均衡的调整力度。根据以上模型，可以得出以下回归估计方程：

$$\begin{aligned}\Delta \ln Y = {} & 0.0194 - 0.522 \Delta \ln X_1 - 0.101 \Delta \ln X_2 - 0.240 \Delta \ln X_3 - \\ & 0.150 \Delta \ln X_4 + 0.008 \Delta \ln X_5 - 0.407 \Delta \ln X_6 - 0.120 \Delta \ln L_1 + \\ & 0.196 \Delta \ln L_2 - 1.862 \Delta \ln L_3 - 1.564 \mathrm{ecm}_{t-1}\end{aligned}$$

$$R^2 = 0.941 \quad DW = 1.997 \quad F = 14.301 \tag{6.8}$$

从以上误差修正方程可知，该误差修正模型反映了税收结构和城乡收入差距的短期动态均衡关系，税收结构的当期波动对城乡收入差距的当期波动有显著性影响。从各种税收对城乡收入差距影响的关系与程度来看，除了个人所得税之外，当期增值税、消费税、营业税、企业所得税和其他税收均与城乡收入差距呈负相关关系；当期个人所得税与当期城乡收入差距呈正相关关系。

ecm_{t-1} 前面对应的系数为 −1.564，表明在短期内，如果出现税收结构与城乡收入差距的波动偏离均衡的情况，则将以 −1.564 的作用力度将短期的偏离值拉回至长期均衡状态。

对于控制变量而言，城市化的提高不利于改善城乡收入差距，而经济发展水平的改善和地方财政收入比重的提高均有利于缩小城乡收入差距。

第三节　中部地区税收制度影响城乡收入差距的效果分析

一、中部地区税收制度现状描述

相对于全国，中部地区的城乡收入差距居于东部地区和西部地区之间，更能准确反映全国整体的城乡收入差距的平均变化，研究中部地区的税制如何影响城乡收入差距具有重要意义。

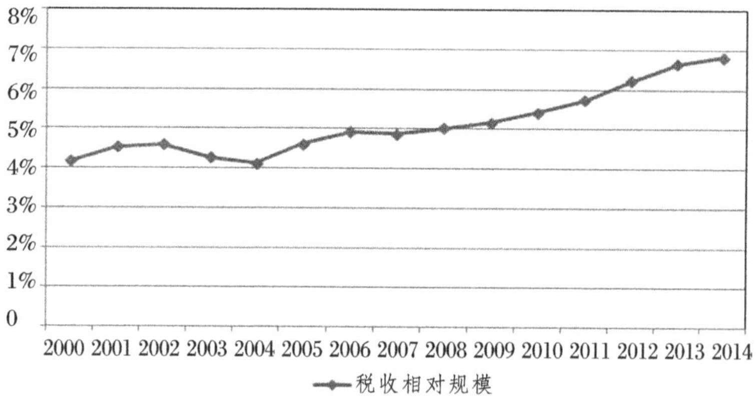

图 6-5　中部地区税收相对规模趋势图

根据图 6－5 可知，相对于全国的税收相对规模，中部地区的税收相对规模较小，但呈逐年递增的趋势，从 2000 年的 4.18% 增加至 2014 年的 6.83%，表明中部地区整体的税收调节城乡收入差距的相对作用力度不断提高。

本节基于 2000—2014 年的时间序列数据，分别从中部地区税收规模和结构两个方面来分析其对中部地区城乡收入差距的影响，其中中部地区的城乡收入差距仍然使用泰尔指数衡量。具体而言，对于税收规模，采用修正的“倒 U”形模型来度量其对中部地区城乡收入差距的影响；对于税收结构，本节使用随机效应模型，考虑中部六省的增值税、营业税、企业所得税和个人所得税的量化分析对城乡收入差距的影响。

二、中部地区税收影响城乡收入差距的实证分析

(一) 中部税收规模对城乡收入影响的实证研究

1. 变量选取

在理论上，税收通过税率、课税对象和征税方式等影响消费者和生产者行为，进而影响收入分配。因此，本处通过相关实证方法，量化分析税收总量显著影响城乡收入差距，以支持理论和假设。

本处主要量化研究税收规模对城乡收入差距的影响，故以城乡收入差距作为被解释变量。对于具体衡量城乡收入差距的指标，本处选取泰尔指数（T），原因在于，泰尔指数同时考虑了收入权重和人口权重，并且可以衡量组内差距和组间差距对总差距的贡献度。

对于解释变量，本处选择税收相对规模（tax）作为税收规模的衡量指标。税收相对规模指中部地区税收收入与中部地区 GDP 之比。

2. 模型设置

本处的实证模型来源于库兹涅茨（1955）提出的库兹涅茨“倒 U”形曲线。库兹涅茨“倒 U”形曲线主要是说，随着经济发展阶段的向前推移，人均收入水平将会不断提高，但同时也会导致收入不公平程度大致经历扩大—缩小的轨迹，即先恶化再改善。

以上从理论上说明了本处建立“倒 U”形曲线的可行性，具体操作结果有待检验。图 6－6 是根据数据做出的变量间的散点图，事实上证明了建立“倒 U”形曲线的正确性。

根据图 6－6 所示的散点图的结果可知，直观来看，税收相对规模和泰尔指数之间可能存在一种“倒 U”形曲线关系，而非线性关系。

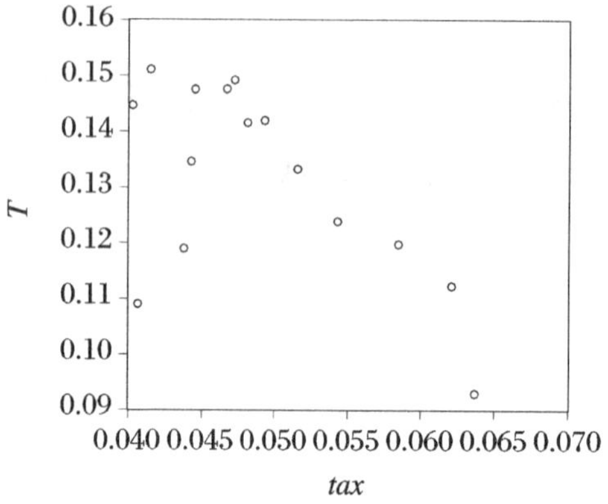

图 6-6 税收相对规模和泰尔指数的散点图

综合以上，具体的模型设置如下：

$$T_i = \beta_0 + \beta_1 tax_i + \beta_2 tax_i^2 + \varepsilon_i \tag{6.9}$$

其中，T 代表泰尔指数，用来测度城乡收入差距，泰尔指数越大，说明城乡收入差距越大，反之亦然；tax 代表税收相对规模，作为税收总量的衡量指标，税收相对规模越大，说明在经济发展中的税收成本越大。

3. 数据来源

本处泰尔指数和税收相对规模均是 2000—2014 年的时间序列数据，主要数据来源于国家统计局。其中，山西省（2005 年和 2006 年）、湖北省（2004 年、2005 年和 2006 年）和湖南省（2005 年和 2006 年）的部分税收收入数根据地方财政一般预算收入与地方财政非税收入之差的计算得出。地方财政非税收入包括地方财政专项收入、地方财政行政事业性收费收入、地方财政罚没收入、地方财政国有资本经营收入、地方财政国有资源（资产）有偿使用收入和地方财政其他非税收入。

4. 实证结果分析

根据以上的变量选取和模型设置，本处使用 Eviews 8 软件进行 OLS 回归分析，具体的回归结果如下：

$$\hat{T}_i = -0.152 + 11.852 tax_i - 120.226 tax_i^2$$
$$(-1.061)\quad(2.213)\quad(-2.453)$$

$R^2=0.589 \quad F=8.582 \quad DW=0.607$ (6.10)

根据上述回归结果，根据 F 值可知模型整体显著，括号里面的 t 检验值也说明各个系数是显著的。拟合优度 R^2 为 0.589，说明拟合程度较好，表明税收总量显著影响城乡收入差距。但 DW 值为 0.607，说明可能存在自相关现象。

对于存在几阶自相关问题，本处利用 Q 检验，如图 6－7 所示。该模型的残差序列存在 1 阶的自相关。

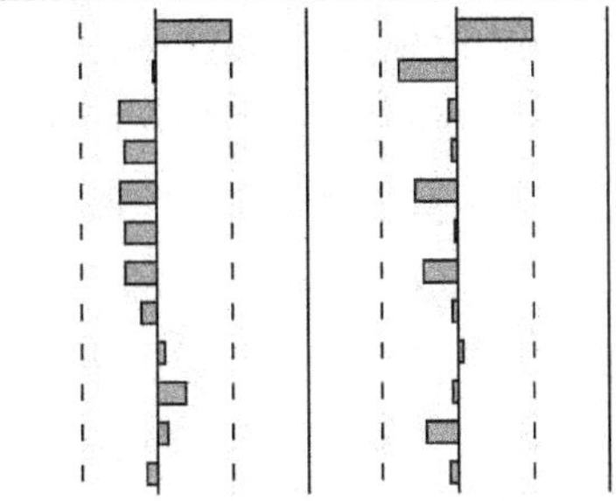

Autocorrelation / Partial Correlation	AC	PAC	Q-Stat	Prob
1	0.528	0.528	5.0777	0.024
2	-0.011	-0.402	5.0800	0.079
3	-0.252	-0.053	6.4327	0.092
4	-0.226	-0.033	7.6129	0.107
5	-0.260	-0.291	9.3339	0.096
6	-0.223	-0.010	10.747	0.097
7	-0.207	-0.244	12.111	0.097
8	-0.103	-0.032	12.493	0.131
9	0.063	0.040	12.664	0.178
10	0.199	0.034	14.691	0.144
11	0.067	0.229	14.978	0.183
12	-0.069	-0.052	15.387	0.221

图 6-7　Q 检验

对模型的自相关进行修正，其回归结果如下：

$$\hat{T}_i = 0.082 + 3.929tax_i - 54.151tax_i^2 + [AR(1) = 0.535]$$

$R^2=0.891 \quad F=27.326 \quad DW=2.182$ (6.10)

由以上回归结果可知，$DW=2.182$，可能已经存在无自相关现象。本处利用 LM 检验该模型是否存在自相关。

表 6－11　LM 检验

Breusch－Godfrey Serial Correlation LM Test：

F－statistic	1.859368	Prob. F(1,9)	0.2058
Obs＊R－squared	2.397115	Prob. Chi－Square(1)	0.1216

根据以上结果，LM 检验的伴随概率为 0.1216，大于显著性水平 0.05，接受残差序列不存在自相关的原假设，即认为残差序列无自相关。

根据修正模型可知，税收规模对城乡收入差距的影响，大致经历了从正相关到负相关的轨迹过程，税收规模和城乡收入差距之间不再是纯粹的正相关或负相关的线性关系。根据二次型回归方程特点，可以计算正相关和负相关的临界点，即（0.036,0.157），对应年份是2003年。这表明当税收相对规模小于3.6%时，税收规模的增加导致城乡收入差距扩大；而当税收相对规模大于3.6%时，增加税收能够调节和缩小城乡收入差距。

（二）中部税收结构对城乡收入影响的实证研究

1. 变量选取与模型设置

以上仅说明城乡收入差距显著受到税收总量的综合影响，但各个税种对城乡收入差距的影响在方向和程度上是否一致还有待于讨论和验证。

对于被解释变量，本处继续使用泰尔指数来衡量城乡收入差距；对于解释变量，本处分别量化分析增值税、营业税、企业所得税和个人所得税对城乡收入差距的影响。考虑到泰尔指数的数值特征，各个税种均采用比例数，即各个省份的各个税种收入与各个省份的总税收收入之比。

本处的模型设置如下：

$$Y_{it} = \alpha_{it} + \beta X_{1it} + \lambda X_{2it} + \delta X_{3it} + \eta X_{4it} + \varepsilon_{it} \qquad (6.12)$$

其中，Y 表示泰尔指数，X_1 表示各省增值税与各省税收收入之比，X_2 表示各省营业税与各省税收收入之比，X_3 表示各省企业所得税与各省税收收入之比，X_4 表示各省个人所得税与各省税收收入之比，α_{it}、ε_{it} 分别代表该模型的截距项和随机扰动项。

本书所指中部地区（i）包括山西省、安徽省、江西省、河南省、湖北省和湖南省，时间区间（t）为2000年至2014年，数据来源参照前文所述。

2. 实证结果分析

以上模型设置只是限定了横截面、时间和变量指标3个维度，即代表模型为静态的面板模型。静态面板模型又可以分为混合回归模型、固定效应模型和随机效应模型，三类模型的不同势必会导致参数估计和模型估计的正确性。因此，在实证分析之前，首先需要选取合适的面板模型。

对于混合回归模型和固定效应模型的选择判断，一般采用 F 检验。

根据计算得出，$F=9.662>F_{0.05}(5,80)=2.329$，故拒绝混合效应回归的原假设，即可以认为在本处，使用固定效应模型要优于混合效应模型。对于随机效应模型和固定效应模型的选择判断，一般采用 Hausman 检验。此处 Hausman 检验的结果如表 6－12 所示。

表 6－12　Hausman 检验

Test Summary	Chi－Sq. Statistic	Prob.
Cross－section random	0.564376	0.9669

根据以上结果可知，Hausman 检验的 P 值大于 0.05，接受随机效应模型的原假设，故可以认为在此处，使用随机效应模型要优于固定效应模型。基于以上模型检验，本处最终选择随机效应模型。其模型检验的具体回归结果如下：

$$\hat{Y}_{it}=0.088+0.272X_{1it}+0.035X_{2it}-0.097X_{3it}-0.196X_{4it}$$

$$(4.064)\quad(5.825)\quad(0.841)\quad(-1.674)\quad(-1.843)$$

$$R^2=0.360\quad F=11.957\tag{6.13}$$

根据以上结果可知，该模型总体显著。对于增值税，在 5% 的显著性水平下正向作用于城乡收入差距，表明随着增值税的增加，不利于调节和缩小城乡收入差距，反而拉大了城乡收入差距。但营业税没有通过参数的显著性检验，表明营业税对城乡收入差距的影响不显著。企业所得税和个人所得税，在 10% 的显著性水平下反作用于城乡收入差距，有利于缩小城乡收入差距。

第四节　湖南省税收制度影响城乡收入差距的效果分析

一、湖南省税收制度现状描述

（一）湖南省税收规模的现状分析

对于湖南省的税收规模，本节使用税收相对规模来说明，即湖南省税收收入与GDP之比，具体如图6－8所示。

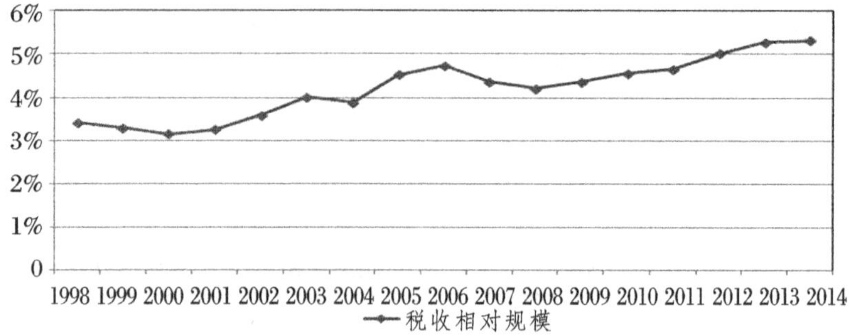

图6–8　湖南省税收相对规模趋势图

根据图6－8可知，湖南省税收相对规模呈上升趋势，由1998年的3.40%增加至2014年的5.32%。税收收入增长迅速，税收收入总量由1998年的102.95亿元，增加至2014年的1 438.52亿元。

(二)湖南省税收结构的现状分析

对于湖南省的税收结构，本节主要考虑了增值税、营业税、企业所得税和个人所得税4个税种，具体如图6－9所示。

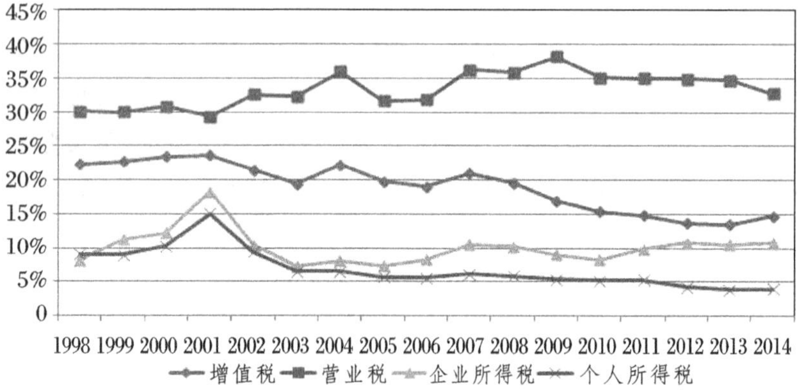

表6–9　湖南省税收结构图

根据图6－9可知，在增值税、营业税、企业所得税和个人所得税4个税种中，营业税的比重最大，其次为增值税、企业所得税和个人所得税。同时，企业所得税和个人所得税的变化趋势大致一致，而营业税和增值税的变化趋势呈现此消彼长的特征。

二、湖南省税收影响城乡收入差距的实证分析

（一）变量选取

对于被解释变量，此处使用泰尔指数（T）来衡量城乡收入差距。相比于城乡收入比，泰尔指数考虑了人口权重和收入权重，将收入差距分解为组间和组内，能够真实和全面反映城乡收入差距。此外，泰尔指数的取值范围在0～1之间，与税收相对指标相对应。

对于解释变量，此处主要从税收总量和结构两方面进行综合分析。对于税收总量，此处使用税收相对规模（TAX）来衡量税收总量，税收相对规模是指湖南省税收收入与湖南省GDP之比；对于税收结构，此处分别使用增值税（VAT）、营业税（ST）、企业所得税（EIT）和个人所得税（IIT）占税收收入的比重。增值税、营业税、企业所得税和个人所得税共同构成了税收收入的主体，占税收收入比重的平均值高达69.32%。

此处的时间区间为1998年至2014年，数据主要来源于各年湖南省统计年鉴。其中，湖南省2005年和2006年的税收收入数据根据一般预算收入与非税收入之差的计算得出。非税收入包括专项收入、行政事业性收费收入、罚没收入、国有资本经营收入、国有资源（资产）有偿使用收入和其他非税收入。此处使用Eviews软件进行数据分析。

（二）模型设置

此处使用VAR模型来估计税收对城乡收入差距的影响。VAR模型基于数据的统计性质来建立模型，不需要经济理论和依据支撑。其建模思想是把所有的外生变量作为内生变量滞后项的函数来构造回归模型，能够全面反映各个变量之间的动态影响。

结合前文的变量选取，模型设置具体如下：

$$Y_t = A_1 Y_{t-1} + A_2 Y_{t-2} + \cdots + A_n Y_{t-n} + \varepsilon_t \qquad (6.14)$$

其中，Y_t是变量T、TAX、VAT、ST、EIT和IIT的矩阵组合，ε为随机扰动项。

(三)结果分析

1. 单位根检验

在模型建立之前，有必要对各个变量序列进行单位根检验，以作为变量间存在协整关系的前提。 此处使用 ADF 方法、基于 SIC 准则进行单位根检验，具体结果如表 6－13 所示。

表 6－13　ADF 检验结果

变量	检验形式*	ADF 值	5% 临界值	结论
T	(*C*,*T*,2)	−1.737878	−3.791172	非平稳
D(*T*)	(*C*,*T*,0)	−5.201909	−3.759743	平稳
TAX	(*C*,*T*,0)	−2.301314	−3.733200	非平稳
D(*TAX*)	(*C*,0,0)	−3.467917	−3.081002	平稳
VAT	(*C*,*T*,0)	−3.001684	−3.733200	非平稳
D(*VAT*)	(*C*,*T*,1)	−3.973643	−3.791172	平稳
ST	(*C*,*T*,0)	−2.387502	−3.733200	非平稳
D(*ST*)	(*C*,*T*,0)	−5.654898	−3.759743	平稳
EIT	(*C*,*T*,1)	−2.519755	−3.759743	非平稳
D(*EIT*)	(*C*,0,3)	−3.696765	−3.144920	平稳
IIT	(*C*,0,0)	−1.371344	−3.065585	非平稳
D(*IIT*)	(*C*,0,3)	−4.317902	−3.144920	平稳

注：* 检验形式为(*C*,*T*,*K*),其中 *C*、*T*、*K* 分别表示含常数项、时间趋势项和滞后阶数。

由表 6－13 可知，原序列（*T*、*TAX*、*VAT*、*ST*、*EIT*、*IIT*）的 ADF 值均大于 5% 的临界值，则原序列均存在单位根，即为非平稳序列。 但原序列经过一阶差分后的新序列 [*D*（*T*）,*D*（*TAX*）,*D*（*VAT*）,*D*（*ST*），*D*（*EIT*），*D*（*IIT*）] 的 ADF 值均小于 5% 的临界值，则差分序列不存在单位根，经过差分后的序列变为平稳序列。 综上可知，ADF 检验结果满足协整分析的条件。

2. 协整分析

协整分析的目的在于分析各个变量的长期均衡关系。 此处使用 EG

检验进行协整分析，具体协整方程如下：

$$\hat{T}_t = 3.67TAX_t + 0.47VAT_t + 0.52ST_t - 0.44EIT_t + 0.92IIT_t - 0.30$$

$$R^2 = 0.61 \quad F = 3.43 \quad DW = 1.71 \tag{6.15}$$

在协整方程估计之后，需要对该方程的残差序列 ε_t 进行平稳性检验，使用 ADF 检验的结果如表 6－14 所示。

表 6－14 残差序列的 ADF 检验结果

变量	检验形式*	ADF 值	5% 临界值	结论
ε_t	$(C,T,0)$	−5.000295	−3.733200	平稳

注：* 检验形式为 (C,T,K)，其中 C、T、K 分别表示含常数项、时间趋势项和滞后阶数。

根据表 6－14 的结果可知，残差序列 ε_t 的 ADF 值小于 5% 的临界值，残差序列 $\hat{\varepsilon}_t$ 为平稳序列，即变量之间存在协整关系。

根据协整方程可知，税收总量扩大了城乡收入差距，即在其他变量既定的情况下，相对税收规模增加 1 个单位，导致城乡收入差距平均增加 3.67 个单位。但具体到税收结构，各个税种对城乡收入差距的影响不同：增值税、营业税和个人所得税增加会拉大城乡收入差距，企业所得税的增加却有利于缩小城乡收入差距。

3. VAR 模型

协整分析描述的是变量之间的静态关系。为了更全面反映变量间的动态关系，此处引入 VAR 模型。VAR 模型的关键在于最优滞后期的选择：滞后期选择过长，缺少必要的经济解释；而滞后期选择过短，不能有效反映变量间的动态关系。

表 6－15 最优滞后期的选择

Lag	LR	FPE	AIC	SC	HQ
0	—	7.14e−24	−36.27010	−35.98038	−36.25526
1	82.67470	9.62e−26	−40.95618	−38.92813	−40.85233

根据表 6－15 可知，考虑到时间长度和变量个数，根据 LR、FPE、

AIC、SC 和 HQ 准则的结果，VAR 模型的最优滞后期为 1。

根据最优滞后期，VAR 模型的估计结果如下：

$$\hat{Y}_t = \begin{bmatrix} 1.07 & -1.96 & -0.02 & -0.02 & 0.07 & -0.42 \\ -0.02 & 1.07 & -0.02 & 0.09 & -0.03 & 0.13 \\ 0.40 & -2.34 & 0.63 & -0.79 & 0.10 & -0.80 \\ 1.32 & -2.30 & -0.54 & -0.04 & 0.32 & -0.57 \\ -0.20 & -4.95 & -0.02 & -0.71 & 1.14 & -1.96 \\ 0.26 & -6.33 & -0.08 & -0.65 & 0.68 & -1.32 \end{bmatrix} Y_{t-1} + \begin{bmatrix} 0.18 \\ -0.03 \\ 0.42 \\ 0.37 \\ 0.60 \\ 0.55 \end{bmatrix} + \varepsilon_t ;\quad Y = \begin{bmatrix} T \\ TAX \\ VAT \\ ST \\ EIT \\ IIT \end{bmatrix} \tag{6.16}$$

根据 AR 根图可检验该模型的稳定性.

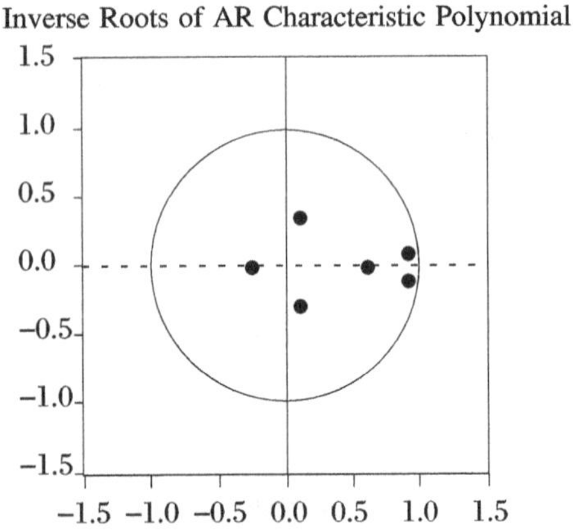

图 6-10 AR 根图

由图 6－10 可知，该模型的 6 个特征方程根的投影均位于单位圆之内，证明该模型是稳定的，即模型的效果较好。

4. 脉冲响应分析

脉冲响应函数主要用于衡量来自随机扰动项的一个标准差的冲击，导致内生变量当期和滞后期的变化轨迹，能够比较直观地反映变量之间的动态交互效应。

由图6－11可知，城乡收入差距受到税收收入、营业税或者个人所得税的冲击后，变化一直较为平缓。但城乡收入差距受到增值税的冲击后，从第2期开始城乡收入差距一直呈现上升趋势。城乡收入差距在受到企业所得税冲击后，从第1期开始，城乡收入差距不断下降，到第3期以后的冲击作用趋于稳定；并且企业所得税对城乡收入差距具有负向冲击效应，这与静态的协整估计方程的结果一致。

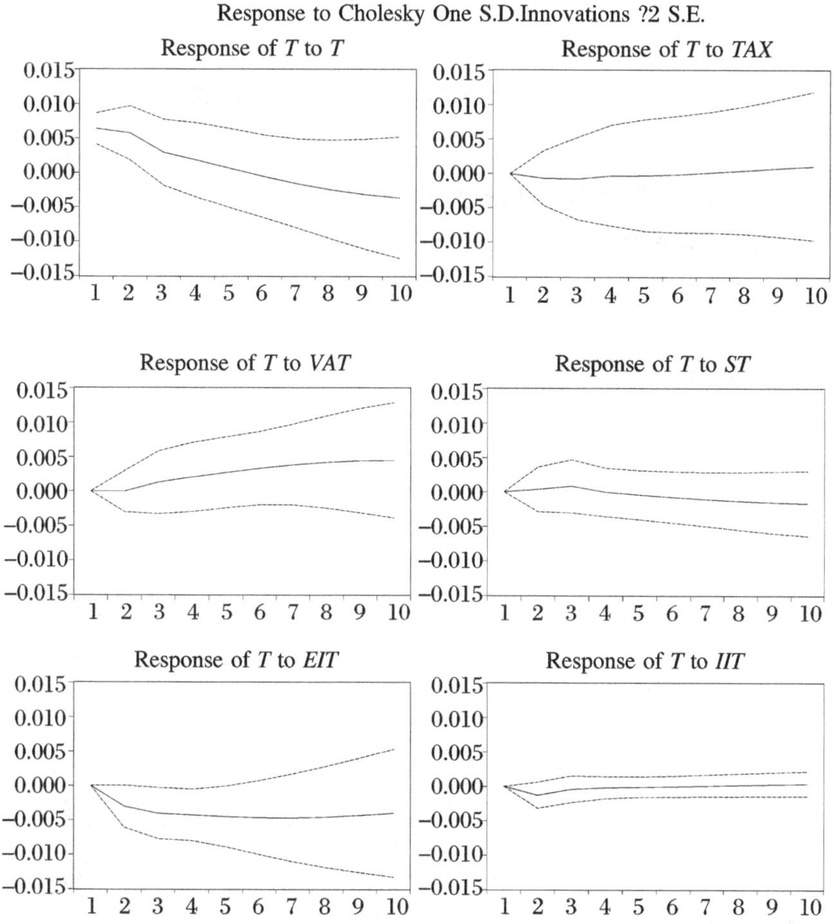

图6–11　脉冲响应函数结果

第五节　个人所得税调节城镇居民收入差距的效果分析

基于个人所得税超额累进税率的设计能够体现公平原则，且我国个人所得税目前调节的主要纳税人群为城镇居民，因此，为了探讨缩小城乡收入差距的有效政策工具，本节将个人所得税单列为一节，作为一个调节收入差距的重要税种单独分析研究。

一、基于基尼系数的城镇收入差距的现状分析

基尼系数是描述收入分配是否公平的重要依据，国际标准认为，超过0.4为警戒线状态，收入分配差距偏大。

为了计算基尼系数 G，胡祖光（2004）提出与原始公式相差不大、误差可忽略的简易公式。基尼系数的简易公式具体如下：

$$G = P_5 - P_1 \tag{6.17}$$

其含义是：基尼系数近似地等于五分法中收入最高的那组人的收入百分比 P_5 与收入最低的那组人的收入百分比 P_1 之差。

根据以上公式，可以计算我国城镇居民的收入差距，具体结果如表6－16所示。

表6－16　城镇基尼系数

年份	税前基尼系数	税后基尼系数	年份	税前基尼系数	税后基尼系数
1995	0.2115	0.2154	2004	0.3400	0.3369
1996	0.2114	0.2155	2005	0.3450	0.3419
1997	0.2261	0.2267	2006	0.3410	0.3384
1998	0.2334	0.2340	2007	0.3363	0.3345
1999	0.2413	0.2419	2008	0.3439	0.3420
2000	0.2528	0.2530	2009	0.3348	0.3359
2001	0.2645	0.2648	2010	0.3286	0.3297
2002	0.3199	0.3168	2011	0.3285	0.3301
2003	0.3311	0.3289	2012	0.3144	0.3156

其中，对于2013年至2014年，由于按收入等级分类的数据中缺少城镇居民人均全部年收入数据，故只有税后基尼系数（2013年至2014年税后基尼系数分别为0.337和0.326）。对于基尼系数的变化趋势，税前和税后的基尼系数变化趋势大致一致，且1995年至2002年的增长速度较快，而2003年至2012年的变化较为平缓，甚至有下降的趋势。

表6－17　等分法的相差倍数

年份	相差倍数	年份	相差倍数
2001	5.37	2007	8.69
2002	7.89	2008	9.11
2003	8.50	2009	8.63
2004	8.92	2010	8.42
2005	9.25	2011	8.24
2006	9.00	2012	7.59

相差倍数是指最高收入与最低收入的比值。由表6－17可知，2000年开始上升，近几年相差倍数接近9倍，尽管有下降的趋势，但相比上升幅度，下降趋势不明显。2012年我国城镇的高低收入平均水平相差7.59倍，若再考虑相关的灰色隐性收入，差距将会更大。并且，统计年鉴的数据都取的平均值，故各组之间的差距必定存在，可想而知我国高低收入差距确实较大。

二、个人所得税调节城镇居民收入差距的实证研究

（一）个人所得税总量调节作用的实证分析

由于我国个人所得税主要由城镇居民承担，故我国居民个税纳税人即为城镇居民。将个税收入占税收总收入的比率 X 作为解释变量，将城镇税后基尼系数 Y 作为被解释变量，使用Eviews软件进行多元回归分析得到表6－18。

表 6-18 模型估计结果

Dependent Variable: Y

Method: Least Squares

Date: 05/30/16 Time: 20:38

Sample: 1995 2014

Included observations: 20

Variable	Coefficient	Std. Error	t - Statistic	Prob.
X	2.725835	0.264837	10.29250	0.0000
C	0.142100	0.015759	9.016773	0.0000
R - squared	0.854763	Mean dependent var		0.298287
Adjusted R - squared	0.846694	S.D. dependent var		0.048573
S.E. of regression	0.019019	Akaike info criterion		-4.992161
Sum squared resid	0.006511	Schwarz criterion		-4.892588
Log likelihood	51.92161	Hannan - Quinn criter.		-4.972723
F - statistic	105.9355	Durbin - Watson stat		0.679311
Prob(F - statistic)	0.000000			

由表 6-18 可知整个模型的总体 Prob（F - statistic）$=0.00000<0.05$、Adjusted R - squared $=0.846694$，所以模型是显著有效的。其中个税收入占总税收的比率 X 的 Prob. $=0.0000<\alpha=0.05$，故可知个税占总税收的比重对基尼系数的影响是显著有效的。

$$\hat{Y}=2.7258X+0.1421 \tag{6.18}$$

此模型表示个税占总税收比重 X 每增加 1 个单位，导致基尼系数 Y 的边际效应平均增加 2.7258 个单位。

（二）个人所得税免征额、税率对缩小收入差距的分析

2011 年个人所得税中的工资、薪金进行改革，上调了免征额，调整了税率表。为了更好地分析免征额、税率对调节收入差距的作用，此处采用控制变量法，即在讨论免征额对收入分配的影响时，保持税率不变；同理，在讨论税率对收入的影响时，保持免征额一致。在税改之前的税

率、税级下变动免征额由 2 000 元调为 3 500 元；在税改之前的免征额下，变动税级，由九级调为七级，并变动了税率。

结合我国城镇居民的基本情况，将每一级的所得额进行分层，结合不同的免征额与不同的税率级次计算个人所得税，并且算出它们影响的变动率，如表 6－19 所示。

表 6－19 不同税率、免征额纳税表（单位：元）

税率级次	九级税率		七级税率	
纳税所得额 A	2 000 元免征额下需缴纳税收 T_1	3 500 元免征额下需缴纳税收 T_2	2 000 元免征额下需缴纳税收 T_3	3 500 元免征额下需缴纳税收 T_4
2 000	0	0	0	0
2 500	25	0	15	0
3 000	75	0	30	0
3 500	125	0	45	0
4 000	175	25	95	15
4 500	250	75	145	30
5 000	325	125	195	45
5 500	400	175	245	95
6 000	475	250	295	145
6 500	550	325	345	195
7 000	625	400	445	245
7 500	725	475	545	295
8 000	825	550	645	345
8 500	925	625	745	445
9 000	1025	725	845	545
9 500	1 125	825	945	645
10 000	1 225	925	1 045	745
14 600	2 145	1 845	2 145	1 770
15 000	2 225	1 925	2 245	1 870
20 000	3 225	2 925	3 495	3 120

续表

税率级次	九级税率		七级税率	
纳税所得额 A	2 000 元免征额下需缴纳税收 T_1	3 500 元免征额下需缴纳税收 T_2	2 000 元免征额下需缴纳税收 T_3	3 500 元免征额下需缴纳税收 T_4
25 000	4 375	4 000	4 745	4 370
30 000	5 625	5 250	5 995	5 620
35 000	6 875	6 500	7 245	6 870
40 000	8 125	7 750	8 645	8 195
45 000	9 525	9 075	10 145	9 695
50 000	11 025	10 575	11 645	11 195
55 000	12 525	12 075	13 145	12 695
60 000	14 025	13 575	14 795	14 270
65 000	15 675	15 150	16 545	16 020
70 000	17 425	16 900	18 295	17 770
75 000	19 175	18 650	20 045	19 520
80 000	20 925	20 400	21 795	21 270
85 000	22 825	22 225	23 845	23 170
90 000	24 825	24 225	26 095	25 420
95 000	26 825	26 225	28 345	27 670
100 000	28 825	28 225	30 595	29 920
105 000	30 975	30 300	32 845	32 170

由表6－19可计算出在税级、税率不变的条件下，免征额的变动所引起的个税变动率为 $\alpha = \frac{T_1 - T_2}{A}$；计算免征额一致时，不同的税级税率带来不同的个税变动率为 $\beta = \frac{T_1 - T_3}{A}$；再计算出免征额、税级、税率都变化时总体变动率 $\omega = \frac{T_1 - T_4}{A}$。

表 6－20　不同免征额、税级、变动率

九级税率下免征额调为 3 500 元后变动率(%)，α	2 000 元免征额下七级税率的税收变动率(%)，β	总体变动率(%)，ω
0.00	0.00	0.00
1.00	0.40	1.00
2.50	1.50	2.50
3.57	2.29	3.57
3.75	2.00	4.00
3.89	2.33	4.89
4.00	2.60	5.60
4.09	2.82	5.55
3.75	3.00	5.50
3.46	3.15	5.46
3.21	2.57	5.43
3.33	2.40	5.73
3.44	2.25	6.00
3.53	2.12	5.65
3.33	2.00	5.33
3.16	1.89	5.05
3.00	1.80	4.80
2.05	0.00	2.57
2.00	−0.13	2.37
1.50	−1.35	0.53
1.50	−1.48	0.02
1.25	−1.23	0.02
1.07	−1.06	0.01
0.94	−1.30	−0.18
1.00	−1.38	−0.38
0.90	−1.24	−0.34

续表

九级税率下免征额调为3 500元后变动率(%),α	2 000元免征额下七级税率的税收变动率(%),β	总体变动率(%),ω
0.82	-1.13	-0.31
0.75	-1.28	-0.41
0.81	-1.34	-0.53
0.75	-1.24	-0.49
0.70	-1.16	-0.46
0.66	-1.09	-0.43
0.71	-1.20	-0.41
0.67	-1.41	-0.66
0.63	-1.60	-0.89
0.60	-1.77	-1.10
0.64	-1.78	-1.14

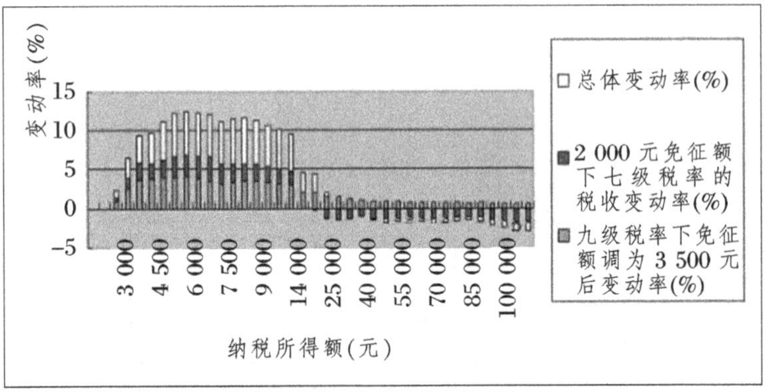

图6-12 免征额、税率变动和总体变动

由图6－12可观察出，免征额的调高对各个收入阶层都有减少纳税负担的作用；而税级、税率的调整不但能减少中、低收入居民的纳税负担，同时在过去税制的基础上，相对拔高了对高收入群体的个税征收额，能缩小收入差距。当纳税所得额超过14 600元后，累进税率的税级变动对减轻纳税负担有作用。由此可知税率级别的减少会增加高收入者的纳税额，从而减少高收入者的可支配收入，缩小高低收入者的可支配收入差距。

为探究免征额、税率的变动率对总变动的具体线性关系，本节用 Eviews 6.0 对 α 、β 、ω 进行相关性检验，可得到表 6 – 21。

表 6 – 21　模型估计结果

Dependent Variable: ω

Method: Least Squares

Date: 04/23/13 Time: 11:21

Sample: 137

Included observations: 37

Variable	Coefficient	Std. Error	t – Statistic	Prob.
C	–0.055435	0.362309	–0.153005	0.8793
α	0.916909	0.198871	4.610570	0.0001
β	0.822230	0.148964	5.519662	0.0000
R – squared	0.961211	Mean dependent var		1.995946
Adjusted *R* – squared	0.958929	S. D. dependent var		2.686413
S. E. of regression	0.544427	Akaike info criterion		1.699439
Sum squared resid	10.07762	Schwarz criterion		1.830054
Log likelihood	–28.43962	Hannan – Quinn criter.		1.745487
F – statistic	421.2671	Durbin – Watson stat		0.289978
Prob(*F* – statistic)	0.000000			

由表 6 – 21 可知 Prob（*F* – statistic）= 0 < 0.05，Adjusted *R* – squared = 0.9589，接近于 1，可推出此模型对总体的拟合效果是有效显著的；并且 α 的 Prob. = 0.0001 < 0.05，故 α 对模型是显著有效的；β 的 Prob. = 0 < 0.05，也是显著有效的。

综上所述，免征额与税率的变动能够调节高低收入者的税负，结合前文的结论——税率的变动能减轻中、低收入者的税负，加重了高收入者的税负，从而缩小收入差距。

第七章　缩小城乡收入差距的有效财政制度和政策工具的具体安排

第一节　缩小城乡收入差距的有效财政支出制度和政策工具安排

根据前文的实证检验和结论，结合我国城乡收入差距的不同区域特点和财政制度与政策工具的结构类型，分别从全国、中部地区和湖南省三个维度提出具体的、针对性较强的缩小城乡收入差距的财政支出制度和政策工具建议，为实践部门决策提供参考。

一、缩小全国城乡收入差距的有效财政支出制度和政策工具安排

（一）充分发挥财政支出规模对缩小城乡收入差距的积极作用

1. 财政支出规模可以缩小城乡收入差距

根据实证分析的结果可知，全国财政支出规模的扩大有利于缩小城乡收入差距。对此，政府要充分认识到全国财政支出规模的扩大对缩小城乡收入差距有着积极且重要的影响。因此，保持财政支出规模的逐步扩大是有效的调节城乡收入差距的宏观政策措施。

2. 制定持续扩大的财政支出政策策略

为了克服短期内财政支出规模调节的有限性，需要政府制定持续扩大财政支出规模的政策策略，实现对城乡收入差距调节的长期有效性。基于我国财政支出政策的城市化倾向，农村的财政投入相对很少，这导致财政支出规模本来应该有效调节城乡收入分配的预期效果不明显。因此，政府需要持续增加农村地区财政支出规模，发挥财政支出政策缩小城乡收入差距方面的积极作用。

（二）优化财政支出结构，体现公共服务均等化目标

1. 保持科教文卫支出每年增长幅度超过财政经常性支出增长幅度

根据上述实证结果可知，当期财政支出结构对当期城乡收入差距有着显著影响。在三大财政支出中，科教文卫支出对缩小城乡收入差距的积极效应最为明显。因此政府通过增加科教文卫事业支出，能够提高全民的科学文化素质和基本劳动技能，人力资源的发展能够带来经济的持久繁荣，增加就业机会。保持教科文卫支出年均增幅超过财政经常性支出增幅，逐步实现教科文卫服务均等化，会持续减少因贫困带来的城乡收入差距。

2. 压缩一般公共服务支出，提高行政效率

虽然党的十八大以来一般公共服务支出比例有下降趋势，但由于支出基数巨大，导致支出比例与发达国家相比仍然高居不下。一般公共服务支出由于受益范围极其有限，不能对社会大众的收入起到一个很好的调节作用，扩大了城乡收入差距。因此政府要压缩一般公共服务支出，提高行政效率，减少一般公共服务支出对财政支出结构的扭曲，缩小城乡收入差距。

3. 健全城乡社会保障体系，提升居民的福利水平

虽然国务院2014年已提出户籍制度改革，取消农业户口与非农业户口的性质区分，但城乡二元制影响深远，短期内城乡社会保障差距仍然很大。我国目前社会保障支出主要流向城市，城镇居民所享受到的社会福利远远高于农村居民，而农村居民本身收入水平就较低，社会保障支出不

能完全发挥缩小城乡收入差距的预期效果。因此，政府应该怀有魄力和坚定决心，改变长久以来城乡分而治之的社会保障体系。在经济发展相对薄弱的农村地区，要增加社会保障资金的投入，健全以医疗保险、养老保险和最低生活保障为主的社会保障安全网，逐步扩大社会保障人数的受益范围和提高保障水平，分步骤实现城乡统筹、全体居民均等化的社会保障体系，让更多的低收入居民享受改革开放带来的成果。

二、缩小中部地区城乡收入差距的有效财政支出制度和政策工具安排

中部地区的实证结果表明，我国中部地区近年来有多项财政支出缩小了城乡收入差距，财政支出结构处于优化阶段。由于财政支出规模及结构对城乡收入差距的突出影响，再加上我国地方政府在一般公共服务、社会保障和就业以及教育文卫等支出中的承担份额一般达到80%左右，可以在这些领域发挥非常大的作用。因此，在近数十年内，中部地区应继续加大对缩小城乡收入差距有利的财政支出子项的投入，在受到一定财政收入限制的条件下尽可能地加大财政支出力度。

(一)协调财政收支，适当加大科教文卫支出及社会保障支出

地方财政收支差距较大，一般财政支出要高于财政收入。2013年我国中部地区财政支出为25 391.56亿元，而财政收入仅为17 981.61亿元，财政支出是财政收入的1.412倍，因此地方政府控制合理的财政支出规模也就显得非常重要了。一般说来，大部分财政支出对城市居民有城市偏向性政策，财政收支的不平衡使得城乡收入差距难以缩小。科学教育卫生支出与社会保障支出对城乡收入差距的影响系数分别为－4.3193、－4.8573，意味着科学教育卫生支出与社会保障支出增加1%，城乡收入差距会分别缩小约4.32%与4.86%。但由财政支出规模的分析可知，我们并不能一味地扩大财政支出，地方财政支出总额已然较大，因此，有必要加大力度协调好财政收支关系，在有限的财政支出范围内最大限度地缩小城乡收入差距，重点加大对欠发达地区的科学教育卫生支出，重视贫困地区的义务教育。社会保障支出也应保持一定的上升比例，逐年将社会

保障支出占财政支出比例提高至15% ~20% 。

(二)提高财政支出透明度,改善一般公共服务支出

一方面，政府的财政支出规模在逐年扩大，但公众所能了解到的支出分类项目增加得却不多，随着支出绝对数额及相对数额的不断增加，很多宏观的总体支出难以真正落到实处，发挥其应有的作用。一般公共服务对城乡收入差距的影响是最明显的，其影响系数达 8.4428。一般公共服务支出在财政支出中所占比重在 2007 年达到了 18.9%，其中很大一部分用于行政管理支出，增加了行政管理成本。因此，控制好一般公共服务支出对缩小城乡收入差距的作用将发生极大改变。另一方面，在本书的研究中，地方财政支出的数据搜集难度颇大，在时间序列数据的整理中难以获取具有一致统计口径的数据。另外，在统计年鉴中难以区分各财政支出项目的具体用途。因此，在财政支出的统计分类过程中，保持数据在一定年限内的可比性，将利于研究者发现政策上的不足，为宏观决策提供更多更科学的政策建议。

(三)进一步增加农林水事务支出，重视农业支出绩效

很多的财政支出都是偏向城市的，如基本建设支出、科教文卫支出等。我国的财政支出政策中有专门的支农支出，要提高财政农业支出在总支出中所占的比重。在上文的研究中发现，农林水事务的支出与城乡收入差距并没有显著相关性。从规范分析的角度来说，农林水事务支出与农村居民收入息息相关：农林水事务支出的增多将有利于缩小城乡收入差距，从直接和间接的角度都可以使农民增收，而对城市居民则只有较小的外部性，这符合我们的理论假设。因此，须进一步增加农林水事务支出，加强农业生产条件的改善，激发农村活力，提高农民收入；与此同时，应重视农业支出的绩效，确保划分出来的农业支出用到农民身上，这样财政才能真正提高农民收入，缩小城乡收入差距。

三、缩小湖南省城乡收入差距的有效财政支出制度和政策工具安排

湖南省的实证结果表明，湖南省近年来有多项财政支出缩小了城乡收

入差距，财政支出结构处于优化阶段中。由于财政支出规模及结构对城乡收入差距的突出影响，再加上我国地方政府在一般公共服务、社会保障和就业以及教育文卫等支出中承担份额一般达到80%左右，可以在这些领域发挥非常大的作用。因此，在近数十年内，湖南省应继续加大对缩小城乡收入差距有利的财政支出子项的投入，在受到一定财政收入限制的条件下尽可能地加大财政支出力度。

(一)协调财政收支,适当加大科教文卫支出及一般公共服务支出

一般说来，大部分财政支出对城市居民有城市偏向性政策，财政收支的不平衡使得城乡收入差距难以缩小。科教文卫支出与一般公共服务支出对城乡收入差距的影响系数分别为 -0.3335、-0.8570，意味着科教文卫支出与社会保障支出增加1%，城乡收入泰尔指数会分别降低约0.33%与0.86%。但因财政支出规模是有限的，我们并不能一味地扩大财政支出，地方财政支出总额已然较大，因此，有必要加大力度协调好财政收支关系，在有限的财政支出范围内最大限度缩小城乡收入差距。应重点加大对欠发达地区的科教文卫支出，重视贫困地区的义务教育；加大农村基础设施建设，降低行政管理成本。

社会保障支出也应保持一定的上升比例，逐年将社会保障支出占财政支出的比例提高至15% ~20%。

(二)提高财政支出透明度,改善社会保障和就业支出

一方面，政府的财政支出规模在逐年扩大，但公众所能了解到的支出分类项目增加得却不多，随着支出绝对数额及相对数额的不断增加，很多宏观的总体支出难以真正落到实处，发挥其应有的作用。社会保障和就业支出本应对城乡收入差距产生明显的反向调节作用，但由于湖南省社会保障支出城乡收入不均衡，导致社会保障和就业支出反而拉大了城乡收入差距。因此，控制好社会保障和就业支出对缩小城乡收入差距的作用将发生极大改变。另一方面，在本书的研究中，地方财政支出尤其是市州的数据搜集难度颇大，在时间序列数据的整理中难以获取具有一致统计口径的数据。另外，在统计年鉴中难以区分各财政支出项目的具体用途。因此，在财政支出的统计分类过程中，保持数据在一定年限内的可比性，将利于研究者发现政策上的不足，为宏

观决策提供更多更科学的政策建议。

(三)进一步增加农林水事务支出，重视农业支出绩效

很多的财政支出都是偏向城市的，如社会保障和就业支出、科教文卫支出等。我国的财政支出政策中有专门的支农支出，要提高财政农业支出在总支出中所占的比重。在上文的研究中发现，农林水事务的支出与城乡收入差距并没有显著相关性。从规范分析的角度来说，农林水事务支出与农村居民收入息息相关：农林水事务支出的增多将有利于缩小城乡收入差距，从直接和间接的角度都可以使农民增收，而对城市居民则只有较小的外部性，这符合我们的理论假设。因此，须进一步增加农林水事务支出，加强农业生产条件的改善，激发农村活力，提高农民收入；与此同时，应重视农业支出的绩效，确保划分出来的农业支出用到农民身上，这样财政才能真正提高农民收入，缩小城乡收入差距。

四、缩小城乡收入差距的有效财政教育支出制度和政策工具安排

对于全国而言，首先，稳步提高财政教育支出，提高居民积累人力资本的能力。虽然经过我国的不断努力，财政教育支出有了很大的进步，也终于完成了财政教育支出占 GDP 4% 的目标，但是我们必须认识到这是远远不够的，我国的财政教育投入总量远远不足。同时，我们也不能因为达到了 4% 的目标而窃喜，要知道近几年北美和西欧国家的平均水平已经近 5.7%，所以，我们要走的路还很长。其次，均衡城乡教育经费分配，努力缩小城乡收入差距。由于我国采用的是城乡二元结构的发展模式，政府在考虑城市发展时，往往将更多的资金和资源向城市区域倾斜，而对于乡村的重视程度远远不及城市，这也就导致了城市居民受教育水平远高于农村地区居民，也就导致了城乡居民获得收入的水平差距。再次，改革财政支出政策。高等教育是国家培养人才的重要手段，因此国家对高等教育一直给予很大的支持力度。然而高等教育多集中于城市区域，从而使资本和资源依然更多地涌入城市，进一步拉大了城乡教育差距。所以，政府应改革财政支出政策，科学制定各级教育水平评价体系

和经费保障制度，弥补农村地区财政教育经费的不足。最后，继续发展义务教育，为缩小城乡收入差距提供保证。从我国1986年实行义务教育以来，取得的成绩有目共睹，同时对缩小城乡收入差距产生了重要的影响。因此我们要继续推进义务教育的均衡发展，政府应将更多的教育资源提供给农村地区，提高农村受教育水平。

而对于中部地区和湖南省而言，除了政府加大财政教育支出外，更多的是应该拓宽增加教育供给的渠道，形成一种政府主导、多方参与的形式。例如职业教育，政府可以积极鼓励和引导社会资本的进入，这对于地区教育的发展有很大的作用。其次，优化教育经费在三级教育间的分配，由于中部地区相比于西部地区义务教育比较完善，同时通过我们的分析发现，中、高等教育对于中部地区和湖南城乡收入差距的影响更为明显，所以政府应重视教育经费的合理均衡化分配，让更多的人有平等接受中、高等教育的机会。例如职业学校的发展可以让更多的农村地区的人可以学到一技之长，这对于缩小城乡收入差距有很大的意义。

第二节　缩小城乡收入差距的有效税收制度和政策工具安排

近几年政府出台了一系列涉及产业和收入调控的政策，起到了积极的作用，主要体现在抑制初次分配不公扩大的趋势。党的十八大提出“深化收入分配制度改革，加快健全税收的再分配调节功能”，其中的一项重要措施是强化税收调节。根据前文的实证检验结论，结合全国、中部地区和湖南省三个维度，提出具体有效缩小城乡收入差距的税收制度和政策工具安排。

一、缩小全国城乡收入差距的有效税收制度和政策工具安排

（一）降低宏观税负，实施减免税的优惠税收政策

根据实证分析的结果可知，税收总量的增加将导致全国城乡收入差距

的扩大，税收并没有起到有效调节收入分配的效果。因此，为了进一步缩小城乡收入差距，必须弱化税收的分配功能。一方面，降低宏观税负，减少经济发展和消费水平的成本，降低纳税人的经济负担，提高城乡居民的人均可支配收入；另一方面，在降低税负的同时，还要实施一系列减免税优惠政策，如提高个人所得税起征点，以减少城乡居民人均收入和城乡居民人均可支配收入的差距。

(二)调整和优化税制结构

根据实证分析的结果可知，当期增值税、消费税、企业所得税和其他税种均与城乡收入差距呈负相关关系，而当期个人所得税与当期城乡收入差距呈正相关关系，故个人所得税的税制设计是缩小我国城乡收入差距的重点。

1. 调整消费税制度

随着社会的发展，政府会对消费税进行一系列的调整。消费税有选择地对部分消费品征税，有助于增加财政收入，抑制高污染高耗能的消费,也有助于限制对奢侈品的消费。应税消费品与非应税消费品相比其税负是额外增加的，因而具有一定的累进性。目前我国消费税的征税范围主要集中在一些奢侈品上，调节目的比较明显。但是,由于多种因素的影响，消费税的调节却存在不合理的地方。例如目前在农村普遍消费、在城市却使用很少的摩托车，也被纳入了消费税的应税范围，低收入阶层的农民反而成为主要的纳税者；而目前一些新兴的奢侈消费品却还没有列入征收消费税的范围，如高档别墅、高档酒店、国外旅游等奢侈行为和高档休闲娱乐等。

如今消费税调节收入分配最主要表现在对高档奢侈品的征收上，比如高档金银首饰、高档珠宝。当然，首先应适度提高这些高档奢侈品的消费税税率。另外，还应明确划分出普通物品和高等奢侈品的界限，着重对高档奢侈品征税，普通物品不考虑。如烟、酒在任何阶层都比较普遍，应该对其征收高税，摩托车可以适度降低税率。另外,还应当将高档餐饮、高档时装等奢侈品和服务、高档别墅、高档酒店、国外旅游等奢侈行为和高档休闲娱乐等纳入消费税的征收范围。

2. 改革个人所得税制度

前文中的实证分析也验证了个人所得税比重与城乡收入比呈负相关关系，增加个人所得税比重有利于调节城乡收入差距，促进收入合理分配。因此必须优化当前的税制结构，逐步确立所得税主体税种地位，充分发挥出所得税的收入调节作用，具体措施包括：

（1）实行分类所得课税与综合所得课税相结合的混合所得税模式。把生产经营所得、工资薪金、劳务报酬、财产租赁所得等有较强连续性或经常性的收入划为综合所得的征收范围，并制定统一的适用税率；以家庭为个人所得税征收主体，个人所得税综合征收，考虑纳税人家庭负担，以此降低税负；还应针对利息、股息和财产转让等其他所得，运用比例税率实施分项征收。

（2）应降低并确立合理的个人所得税边际税率，简化税率累进级次。政府应加快构建以累进税率为主、比例税率为辅的税率结构模式。依据累进税简化相应税种，依次减少税率级次并降低最高边际税率，采用统一的累进税率，在总体上降低名义税率。

（3）规定合理的个人收入课税费用扣除额。取缔统一的费用扣除标准，实行动态调整费用扣除额。在费用扣除方面应依据家庭整体收支状况，充分考虑家庭的税收负担能力；还必须考虑到随经济因素变化而调整的物价水平和通货膨胀因素，这些都会直接影响到纳税人的收入。

二、缩小中部地区城乡收入差距的有效税收制度和政策工具安排

（一）确定税收规模的合理区间

中部地区的城乡收入差距与税收总量之间存在非线性关系，即不是单纯地增加或者减少税收，税收总量最优点的确定对缩小中部地区的城乡收入差距尤为重要。根据实证结果可知，当税收相对规模大于3.6%时，增加税收能够调节和缩小城乡居民收入差距。2014年中部地区的税收相对规模为6.8%，说明近年来中部地区的税收规模相对合理，可以适当增加税收总量。

(二)优化流转税和所得税税种结构

1. 适度调整增值税低税率征税范围

自1992年税制改革以来，我国流转税总体上表现出累退性，进一步拉大了城乡居民的收入分配差距。虽然这一趋势近年来有所下降，但是仍然是制约我国发展的重要原因之一。结合我国现实情况，增值税是目前我国税制中累退性表现最突出的税种，所以完善增值税结构便成为缩小城乡收入分配差距的第一突破口。首先降低增值税税率。众所周知，对低收入者来说，生活必需品花费占其总体消费支出比重较大，所以有必要降低自来水、普通药品、天然气和食用油等生活必需品的增值税税率。这非常有利于减轻低收入者的生活压力并提高其相对收入水平，从而缓解日益严峻的收入分配差距问题。此外，我国还可借鉴国外经验，对于现行实施的13%的生活必需品优惠税率适当降低并考虑对一部分商品免征增值税。

2. 积极发挥企业所得税调节收入分配的作用

企业所得税和个人所得税均能够有效缩小城乡收入差距。企业所得税的改革应与个人所得税改革配套进行，并结合中部地区产业特点，确保劳动要素更多地参与分配。同时，政府应通过税制改革、财政补贴等多种形式努力提高劳动要素在参与市场分配中的地位，达到提高中低收入阶层收入水平的目的。这其中，企业所得税改革应避免过度强化资本作用，过度增加资本竞争砝码，从而避免出现居民收入差距持续、快速扩大的局面。

根据实证研究文献可知，当假定企业所得税由社会资本和公司资本承担时，实证结果分别显示我国企业所得税具有弱累退性和弱累进性，但税收累进性指数均非常接近于0。这表明我国企业所得税对居民收入分配的影响总体来讲是累进的，即有利于收入分配公平。鉴于以上结果，为了进一步发挥企业所得税的收入分配调节作用，我国的企业所得税制度完善必须考虑企业所得税的税负归宿，即使企业所得税最终全部由资本要素承担，而非转嫁给劳动要素。要避免企业所得税被转嫁，可以从税基和纳税地点两个方面考虑。

关于税基，一种做法是改现行的权责发生制为收付实现制，以收付实现制为基础的现金流量代替税前利润作为计税基础，从而避免企业调节利润。用权责发生制确定企业的收入、费用及利润时，费用必须依其同收入的关系分摊到各个会计期间，必须采用折旧方法、摊销方法和存货计价方法等人为的方法，而这也使得企业在缴纳企业所得税时可通过增加费用的手段来避税，但以收付实现制为基础的现金流量则可以有效防范企业通过增加费用来减少税前利润或者是推迟缴纳企业所得税，从而转嫁企业所得税。另一种做法是改变以收入为基础为以消费为基础计算企业所得税税额，这能更真实地反映企业的纳税能力。但这要求企业具备十分完善的发票控制体系、税务机关能够完全掌控每家企业的消费数据信息，才能防范企业避税，转嫁企业所得税。

关于纳税地点，可以选择属人原则和属地原则相结合，从而大范围地保证本国的税收利益。我国当前的企业所得税都是按照属地原则采用“注册地和实际管理机构”来进行征收的，企业可以通过设立分总公司和母子公司来合理避税，而将属人原则和属地原则配套使用则可以防范纳税人通过纳税地点进行税收筹划，合理避税，转嫁税负。但属人原则和属地原则相结合使用必定会出现重复征收，只有用法律法规进行细致划分、明确规定纳税义务，才能解决重复征收的问题。

同时，由实证分析得出企业所得税比重与城乡收入差距呈正相关关系，企业所得税税负过高会增加中小企业的负担，不利于调节收入差距。所以对于企业所得税的改革，应将其同个人所得税改革配套进行，并结合中部地区产业特点，让劳动要素更多地参与分配。同时，政府还可以通过税制改革、财政补贴等多种形式，更大程度地增加劳动要素的地位，努力提高中低收入阶层的收入水平。

三、缩小湖南省城乡收入差距的有效税收制度和政策工具安排

(一)减少税收负担

根据实证结果可知，湖南省税收规模的增加导致城乡收入差距的扩大，表明湖南省的税收负担不仅影响了经济的稳定发展，还加剧了城乡收入差距的扩大。基于此，应该减少农民的税收负担，减少低收入群体的税收，即实行低收入有返还、补贴，中收入可减免，高收入税收负担不变，同时加强高收入群体的税收监管，精准确定城乡居民的真实收入水平。

(二)深化增值税改革，推动营业税改增值税的实行

在进一步完善增值税税制的基础上，降低小规模纳税人的纳税标准，对小规模纳税人按营业税的税率给予一定优惠，支持小微企业的发展。营业税有很大一部分是针对农村居民和低收入者，实行营改增有利于增加农村居民和低收入者的收入，从而缩小城乡收入差距。

(三)逐步转向直接税为主体的税制结构

在目前以间接税为主体税制的结构中，由于税负转嫁的存在，非农产品由生产者和消费者共同承担。但如果农村居民对非农产品有消费支出，就承担了一部分流转税。应进一步完善税收制度，加强所得税的征管，提高所得税类特别是企业所得税的比重，消除以间接税为主体的调节收入分配的作用。

四、缩小城镇居民收入差距的有效个人所得税税收制度和政策工具安排

(一)正确定位个人所得税在我国税收体系的角色

我国的所得税并非我国税收的主要来源，其总量的绝对与相对变化对缩小收入差距没有明显作用。这与个人所得税的设立宗旨不符，因此，

需改进我国的税收体系，从而缩小我国居民收入差距。个人所得税的免征额能够让低收入者享受免税待遇而高收入者并不会有较大变化，故此可开征遗产税、赠与税、房产税，使之与个人所得税共同调节收入差距，并将从高收入者处征得的税收转移支付给贫困线以下收入者或低收入者。

我国个人所得税税收总量占总税收总量、GDP 的总量越大，基尼系数也会越大，故此在总税收总量、GDP 增加的同时可适当减少个人所得税的增长率。目前我国个人所得税缴纳的主体为中收入者，可考虑设计缴纳主体为真正高收入者的个人所得税征收方法。

(二)改进我国个人所得税的征收方法

1. 考虑将我国目前的分类征收的个人所得税向综合征收改进，体现公平

楼继伟在 2014 年 3 月 6 日就“财税体制改革和财政工作”答中外记者问提到目前的税收政策肯定是有缺陷的，考虑下一步可改成征收综合所得税，即把分项征收改成征收综合所得税，现在只是简单地提高免征额的做法并不科学，不能够体现每个家庭的差异，不能体现公平。实行综合所得税时要把所有的收入综合计算，不再分类实行不同税率征收，更利于管理。

2. 纳税单位实行多元化

不再仅仅对个人征收，可考虑个人、家庭双轨并行征收。同时，一些基本的支出是可以扣除的，实行低收入者有返还、补贴，中收入者可减免，高收入者税收负担不变。体现人本精神，自由选择计税单位，做到收支双向公平。

3. 将纳税的期间改为以年为单位

不同行业的运营周期不同，会导致居民收入周期变化，若以年为单位，税收的征收会更能体现横向公平。

主要参考文献

1. ALIS R, FELIX. Passing the Burden: "Corporate Tax Incidence in Open Economies", Luxembourg Income Study Working Paper, No. 468, 2007.

2. BOURGUIGNON F. Decomposable Income Inequality Measures, Econometrica, 1979, 47(4), 901 -920.

3. COWELL F A, FLACHAIRE E. Income Distribution and Inequetity Measurement:The Problem of Extreme values. Journal of Econometrics (2007), doi: 10.1016/J. jeconom, 2007.01.001.

4. DAVID R, DEAN B. Do Tax Cuts Boost the Economy? www.cepr.net, 2011.9.

5. HAIG R M. The Concept of Income, in R. M. Haig(ed), The Federal Income Tax, Columbia University Press,1972: p.31.

6. KINAM K and PETER L. Redistributive Effect of U.S. Taxes and Public Transfers, 1994—2004, Public Finance Review, Vol. 37, No. 1, 3 -26,2009.

7. LEAH B, FERNANDO F, HERNAN W, et al. The Effect of Rising Income Inequality on Taxation and Public Expenditures: Evidence from U.S. Municipalities and School Districts, 1970—2000[J]. The Review of Economics and Statistics, 2013(4): 1291 -1302.

8. LEONEL M G, ORIOL R S. Joint Determinants of Fiscal Policy, Income Inequality and Economic Growth[J]. Economic Modeling, 2013(1): 814 - 824.

9. NORA L, CAROLA P and JOHN S. The Impact of Taxes and Social Spending on Inequality and Poverty in Argentina, Bolivia, Brazil, Mexico, Peru and Uruguay: An Overview[D]. ECINEQ WP, 2013(315): 6 - 9.

10. OLIVER D, ROBERT P, PATRICK L, et al. Inequality and Poverty in the United States: Public Policies for Inclusive Growth[J]. SSRN,2013(5): 120 - 145.

11. SAIBAL K, SHRABANI S. Corruption, Shadow Economy and Income Inequality: Evidence from Asia[J]. IZA Discussion Paper, 2013(2):1 - 28.

12. SEN, AMARTYA K. Collective Choice and Social Welfare, Amsterdam: North - Holland, 1978: p. 59.

13. SIMON K. Economic Growth and Income Inequality [J]. The American Economic Review, 1955 (45): 1 - 28.

14. SIMONS H C. Personal Income Taxation . University of Chicago Press, 1938: p. 49.

15. SU B, HESHMATI A. Analysis of the Determinants of Income and Income Gap between Urban and Rural China[D]. Discussion Paper Series, 2013: 7 - 12.

16. WAGENER A. Variable Population Size Issues in Models of Decentralized Income Redistribution. Regional Science and Urban Economics, Vol. 6, 2000: pp. 609—625.

17. Yang S. Rising Chinese Regional Income Inequality: The Role of Fiscal Decentralization [J]. China Economic Review, 2013 (27): 294 - 309.

18. 安体富,任强. 税收在收入分配中的功能与机制研究[J]. 税务研究,2007(10):22－27.

19. 安体富,王海勇.结构性减税:宏观经济约束下的税收政策选择[J].涉外税务,2004(11).

20. 白景明.全面认识结构性减税成效[J].中国税务,2009(9).

21. 白彦锋,俞惠 .我国财政性三级教育支出分配结构探究[J].财经理论研究,2013(2).

22. 蔡忠燕.我国财政支出结构和城乡收入差距关系的研究[D].长沙:湖南大学,2009:10－25.

23. 曾国安,胡晶晶.论中国城市偏向的财政制度与城乡居民收入差距[J].财政研究,2009(2).

24. 陈卫东.论缩小收入差距的财政政策[M].北京:中国财政经济出版社,2008:5－6.

25. 陈洋,杜宏颖.我国财政教育支出现状、问题及对策[J].北方经贸,2014(10).

26. 陈宗胜. 倒 U 曲线的"阶梯形"[J]. 经济研究, 1994(5):55－60.

27. 陈宗胜.关于总体基尼系数估算方法的一个建议——对李实研究员《答复》的再评论 [J].经济研究,2002(5):81－83.

28. 陈宗胜.经济发展中的收入分配上海[M],上海:上海三联书店,1991.

29. 程瑞媛.我国财政教育支出的现状分析及对策研究[J].金融经济,2014(14).

30. 程永宏.二元经济中城乡混合基尼系数的计算与分解[J].经济研究,2006(1):109－120.

31. 崔军.调节居民收入分配的财政制度安排[M].北京:经济科学出版社,2011:4－6.

32. 戴罗仙.财政学[M].长沙:中南工业大学出版社,2015:360－361.

33. 邓小军,程洁.急需改变的倒金字塔—对我国三级教育财政投入比例的考量[J].现代教育论丛,2009(10).

34. 邓旋.财政支出规模、结构与城乡收入不平等——基于中国省级面板数据的实证研究[J].经济评论,2011(4):63-69.

35. 邓子基. 消费税的理论与实践[J].税务研究,1997(4):29-34.

36. 丁静.我国财政性教育支出的主要问题及成因分析[J].四川师范大学学报(社会科学版),2006,33(4).

37. 杜育红,张喆. 新常态下的教育资源配置——2015 年中国教育经济学学术年会综述[J].教育与经济,2015(5).

38. 方浩.财政投入与义务教育均等化——东中西三大区域的比较分析[J].石家庄经济学院学报,2011(3).

39. 付文林,沈坤荣.均等化转移支付与地方财政支出结构[J].经济研究,2012(5).

40. 傅韵洁,陈潇,蔡晓春.财政支出结构对不同城乡收入差距地区的影响[J].金融经济·理论版,2013(6):30-33.

41. 高培勇.由适应市场经济体制到匹配国家治理体系——关于新一轮财税体制改革基本取向的讨论[J].财贸研究,2014(3):5-20.

42. 高铁梅.计量经济分析与建模:Eviews 应用及实例[M].北京:清华大学出版社,2009:249-297.

43. 葛成.财政支出缩减收入分配差距的经验研究——基于向量自回归模型[J].广东社会科学,2013(6):43-52.

44. 顾昕,周适.中国公共教育经费投入与支出的现实审视[J].河北学刊,2010(3).

45. 郭庆旺.最优课税论:所得税与商品税的比较[J].财经问题研究,1995(7):11-18.

46. 何强,董志勇.转移支付、地方财政支出与居民幸福[J].经济学动态,2015(2).

47. 洪丽,尹康.中国城镇化与城乡收入差距的倒 U 型拐点测度——基于东、中、西部地区省际面板数据的实证研究[J].统计与信息论坛,2015(9):12-21.

48. 洪银霞. 我国财政教育支出区域结构存在的问题及对策探究[J]. 福建广播电视大学学报,2014(6).

49. 侯玲. 调节我国城乡居民收入分配差距的财政支出政策研究[D]. 长春:吉林财经大学,2011:9 -13.

50. 胡祖光. 基尼系数理论最佳值及其简易计算公式研究[J]. 经济研究,2004(9):60 -69.

51. 黄霖强,马骁,冯瑛. 我国居民人均教育支出的差异分析[J]. 经济体制改革,2012(5).

52. 黄绍娜. 国内外三级教育财政支出比较[J]. 内蒙古科技与经济,2014(12).

53. 黄水香. 公共教育服务的供求矛盾及其调节措施[J]. 当代教育科学,2015(19).

54. 黄应绘. 关于构建中国城乡差距综合评价指标体系的探讨[J]. 生产力研究,2008(17).

55. 黄应绘. 中国城乡差距的区域差异量化比较分析[J]. 重庆工商大学学报,2009(9).

56. 黄有光. 福利经济学[M],周建明,等译. 北京:中国友谊出版公司,1991:24 -25.

57. 贾康,张学诞,等. 深化我国税制改革应选择有增有减的结构性调整[J]. 税务研究,2009(9).

58. 江涛. 舒尔姿人力资本理论的核心思想及其启示[J]. 扬州大学学报,2008(12).

59. 孔竞成. 税收应怎样调节居民收入分配[J]. 经济问题探索,2013(11):20 -24.

60. 匡小平,吴智峰. 我国收入差距过大原因及财税调节对策[J]. 税务研究,2009(2):16 -19.

61. 雷根强,蔡翔. 初次分配扭曲、财政支出城市偏向与城乡收入差距——来自中国省级面板数据的经验证据[J]. 数量经济技术经济研究,2012(3).

62. 雷根强,黄晓红,席鹏辉. 转移支付对城乡收入差距的影响——基于我国中西部县域数据的模糊断点回归分析[J]. 财贸经济,2015(12):35-48.

63. 李波. 结构性减税与我国税收制度重构[J]. 扬州大学税务学院学报,2009(12).

64. 李金凤. 我国城镇化与城乡收入差距的正反馈机制研究[J]. 河北经贸大学学报,2015(4):39-44.

65. 李军,孙丹萍. 度量收入分配的均等指数方法及其应用[J]. 数量经济技术经济研究,2005(6):33-42.

66. 李鹏,王明华. 城乡教育差距与收入差距关系的实证研究[J]. 国民经济管理,2014(11).

67. 李绍荣,耿莹. 中国的税收结构、经济增长与收入分配[J]. 经济研究,2005(5):118-126.

68. 李实,罗楚亮. 中国城乡居民收入差距的重新估计[J]. 北京大学学报(哲学社会科学版),2007(2):111-120.

69. 李实,罗楚亮. 中国收入差距究竟有多大?——对修正样本结构偏差的尝试[J]. 经济研究,2011(4):68-78.

70. 李实,赵人伟,张平. 中国经济改革中的收入分配变动[J]. 管理世界,1998(1):43-56.

71. 李实. 收入分配改革的几个难点. 同舟共进,2013(7):7-9.

72. 李心源. 结构性减税与税收制度优化研究[J]. 涉外税务,2009(7).

73. 李印慧. 我国财政教育支出——支出结构角度分析[J]. 行政事业与财务,2013(6).

74. 李贞. 我国财政教育支出总量与结构的变动趋势研究[J]. 中央财经大学学报,2012(11).

75. 梁伟真. 财政性教育支出的国际比较及对策研究[J]. 经济经纬,2004(6).

76. 梁文凤,施南迪. 城镇化、财政支农与城乡收入差距的相关性研究——基于VAR模型的分析[J].内蒙古社会科学(汉文版),2013(4):111-115.

77.廖信林.财政支出、城市化对城乡收入差距的作用机理及动态分析[J].软科学,2012(4):33-38.

78.林毅夫,刘明兴.中国的经济增长收敛与收入分配[J].世界经济,2003(6):3-14.

79.林毓鹏.中国城乡教育支出差距对城乡收入差距的影响[J].统计观察,2007(24).

80.刘剑.内生增长理论:综合分析和简要评价[J].审计与经济研究,2005(2).

81.刘敏楼.教育、人力资本投资与城乡收入差距[J].现代管理科学,2008(2).

82.刘穷志,吴晔.收入不平等与财政再分配:富人俘获政府了吗[J].财贸经济,2014(3):21-33.

83.刘溶沧.正确把握“减税”的内涵[J].中国经贸导刊,2002(7).

84.刘尚希,刘微,等.我国国民收入分配的决定因素分析[J].涉外税务,2011(2).

85.刘小川,汪冲.个人所得税公平功能的实证分析[J].税务研究,2008(1):42-46.

86.刘晓光,张勋,方文全.基础设施的城乡收入配效应:基于劳动力转移的视角[J].世界经济,2015(3):145-170.

87.刘星.我国城乡居民收入差距变动趋势及实证因素考察[J].求索,2012(11):223-225.

88.刘雅南,邵宜航.区域差距与两级政府公共教育分担的博弈分析[J].系统工程理论与实践,2015(2).

89.刘永爱.试析中国收入分配不公问题、原因及对策[J].北方经济,2011(6):5-6.

90.娄洪,刘跃峰,柳建光.增值税由生产型转为消费型会减少税收收入吗?——增值税转型改革的税收收入效应回顾与理论分析[J].财政研究,2012(6).

91. 卢洪友,陈思霞. 谁从增加的财政转移支付中受益——基于中国县级数据的实证分析[J]. 财贸经济,2012(4).

92. 路春城,黄志刚. 包容性视角下结构性减税研究[J]. 中央财经大学学报,2011(2).

93. 罗亦鹏. 基于 Theil 指数的城乡居民收入差距分解分析[J]. 长沙大学学报,2012(2):98-101.

94. 吕炜. 城乡收入差距、城乡教育不平等与政府教育投入[J]. 经济社会体制比较,2015(3):20-33.

95. 马国强. 我国公共财政教育投入规模—结构和效益研究[D]. 太远:山西财政大学,2011.

96. 马宏. 社会资本、金融发展与经济增长——基于中国东中西部省际数据的实证检验比较[J]. 经济问题,2013(9).

97. 马建斌. 从促进经济快速健康发展的角度看增加教育财政支出的重要性和必要性[J]. 职业技术教育,2010,31(28).

98. 马栓友. 公共教育支出与经济增长——我国财政教育支出的最优规模估计[J]. 社会科学家,2002,17(2).

99. 莫连光,洪源,廖海波. 收入分配财政政策调节居民收入差距效果的实证研究[J]. 财经论丛,2014(3):32-39.

100. 倪红日. 促进国民收入分配结构调整的税收政策取向[J]. 重庆理工大学学报,2011(6).

101. 庞凤喜,张念明. 结构性减税政策的操作路径解析[J]. 税务研究,2013(2).

102. 庞凤喜. 我国中长期税制改革战略目标及其实施方案研究[J]. 铜陵学院学报,2010(5).

103. 钱淑芳. 我国城市化对城乡收入差距与经济增长的影响研究[J]. 工业技术经济,2015(5):87-94.

104. 钱争鸣,方丽婷. 我国财政支出结构对城乡居民收入差距的影响——基于非参数可加模型的分析[J]. 厦门大学学报,2012(5):

90 -97.

105. 钱智勇. 教育的经济价值——关于教育和收入关系的分析[J]. 学术交流,2010(11).

106. 屈艺. 财政教育支出水平的国际比较[J]. 中小企业管理与科技上旬刊,2009(10).

107. 冉光和,潘辉. 政府公共支出的收入分配效应研究——基于VAR模型的检验[J]. 重庆大学学报,2009(2):19 -23.

108. 沈昱池,夏慧琳. 优化我国财政教育支出结构初探[J]. 企业导报,2013(6).

109. 师婕. 三级教育公共支出分配结构分析[D]. 大连:辽宁师范大学,2014.

110. 史正富. "新型市场失灵"与国家经济职能[N]. 解放日报,2015 -4 -5.

111. 首都社会经济发展研究所课题组. 个人所得税公平功能的实证分析[J]. 税务研究,2011(1).

112. 孙静,王亚丽. 税收对我国城乡居民收入的再分配效应研究[J]. 中南财经政法大学学报,2013(3):3 -9.

113. 孙文杰. 地方政府财政支出结构与公共品供给机制剖析——基于城乡差异视角的实证研究[J]. 当代财经,2008(1).

114. 孙志毅,陈儒. 教育投入、经济增长与新型城镇化建设研究[J]. 改革与战略,2014(11).

115. 孙智勇,刘星. 结构性减税政策的路径选择[J]. 改革,2010(2).

116. 田旭,张传庆. 政府公共支出与居民收入分配差距动态关系的实证研究[J]. 首都经济贸易大学学报,2013(4):27 -34.

117. 田亚平,李伯华,李吟,等. 湖南省城乡居民收入分配差距分析与对策[J]. 经济地理,2011(10):1703 -1709.

118. 万莹,史忠良:. 税收调节与收入分配:一个文献综述[J]. 山东大学学报,2010(1).

119. 万莹. 我国流转税收入分配效应的实证分析[J]. 当代财经,2012(7):21-30.

120. 万莹. 个人所得税对收入分配的影响:由税收累进性和平均税率观察[J]. 改革,2011(3).

121. 汪耿. 中部区域收入差距的 MLD 指数测度与分解——以湖南省为例[J]. 求索,2011(6):49-51.

122. 王晨. 调节我国城乡居民收入分配差距的财税政策研究[D]. 天津:天津财经大学,2012:9-17.

123. 王剑锋. 流转税影响个人收入分配调节的分析研究——以我国城镇居民支出结构为考察基础[J]. 财经研究,2004(7):14-25.

124. 王娇. 公共财政支出对教育投入的调整和优化[J]. 时代金融旬刊,2015(1).

125. 王善迈. 我国公共教育财政体制改革的进展、问题及对策[J]. 北京师范大学学报(社会科学版),2003(6).

126. 王少平,欧阳志刚. 我国城乡收入差距的度量及其对经济增长的效应[J]. 经济研究,2007(10):44-55.

127. 王艺明,蔡翔. 财政支出结构与城乡收入差距——基于全国东、中、西部地区省级面板数据的经验分析[J]. 财经科学,2010(8):49-57.

128. 王珍. 基于财政支出视角的城乡居民收入差距研究[D]. 南宁:广西师范大学,2012:16-20.

129. 王志杨. 消费型税种减税的经济增长影响:一个模型分析财政研究[J]. 2012(7).

130. 温桂荣,李欢. 财政支出规模、结构对城乡收入差距的影响——基于中部地区的实证研究[J]. 安徽行政学院学报,2015(4):63-68.

131. 温桂荣,莫廷程,李欢. 湖南省城乡收入差距的测度、分解及发展趋势分析[J]. 湖南商学院学报,2013(3):76-82.

132. 温桂荣,莫廷程. 财政支出规模、结构对城乡收入差距影响的实证研究[J]. 系统工程,2015(4):99-105.

133. 温桂荣. 结构性减税对城乡收入差距的调节:一个文献综述[J]. 湖南社会科学,2013(2).

134. 吴云飞. 建立收入分配税收调控体系[J]. 税务研究,2001(8):42 -44.

135. 徐健. 财政教育投入对经济增长影响的实证分析[J]. 兰州交通大学学报,2010(4).

136. 徐鹏,张鹏. 财政收支对城乡收入差距影响的实证研究——以重庆市为例[J]. 云南财经大学学报,2008(6):37 -42.

137. 徐强. 中国城乡居民收入差距来源的统计剖析[J]. 统计与决策,2011(21):113 -116.

138. 徐侠. 财政支出对城乡居民收入分配的影响研究——以云南省为例[D]. 昆明:云南财经大学,2012:12 -25.

139. 闫坤,于树一. 论全球金融危机下的中国结构性减税[J]. 税务研究,2011(1).

140. 杨彬如. 中国教育的城乡不平衡发展探究[J]. 中国农学通报,2015(19).

141. 杨俊,黄潇,李晓羽. 教育不平等与收入分配差距:中国的实证分析[J]. 管理世界,2008(1).

142. 杨森平,唐芬芬,吴栩. 我国城乡收入差距与城镇化率的倒 U 关系研究[J].《管理评论》,2015(11):3 -10.

143. 杨森平,周敏. 调节城乡收入差距的税收政策研究 - -基于我国间接税视角[J]. 财政研究,2011(7).

144. 杨志荣,汪云. 中国和美国财政性教育经费支出的比较[J]. 农业教育研究,2013(3).

145. 易丹辉. 数据分析与 Eviews 应用[M]. 北京:中国统计出版社,2002:143 -150.

146. 殷金朋,倪志良,邹洋. 农民收入来源结构与中国城乡收入差距——基于 PVAR 模型的经验分析[J]. 经济论丛,2015(6):3 -10.

147. 尹恒,朱虹. 县级财政生产性支出偏向研究[J]. 中国社会科学,

2011(1).

148. 于莉. 中国公共财政体制下教育支出结构的研究[D]. 西安:西安财经大学,2011.

149. 于树一. 结构性减税与税制结构性问题化解—基于税制改革的宏观视野[J]. 地方财政研究,2012(5).

150. 余菊. 政府民生支出对城乡收入差距的动态影响[J]. 统计与决策,2015(5):143-146.

151. 余菊. 教育投入水平与城乡收入差距关系的研究——基于我国不同省市面板数据的实证分析[J]. 价格理论与实践,2013(10).

152. 袁锐. 中国财政性教育支出政策的国际比较研究[J]. 中国青年研究,2011(2).

153. 苑林娅. 中国收入差距不平等状况的泰尔指数分析[J]. 云南财经大学学报,2008(2).

154. 岳树民,刘方. 新形势下我国结构性减税政策的取向[J]. 地方财政研究,2012(5).

155. 张桂文. 正确处理收入分配中公平与效率的关系[N]. 人民网-人民日报,2013-6-3.

156. 张惠玲. 我国财政转移性支出对调节收入分配的作用分析[J]. 统计与决策,2007(6):88-90.

157. 张继珍. 当前教育投资对区域经济发展的影响分析[J]. 商场现代化,2008(14).

158. 张念明. 基于税制优化的结构性减税政策研究[J]. 中南财经政法大学学报,2012(3).

159. 张群丽,张怀雷. 缩小城乡义务教育差距的财政支出结构优化[J]. 特区经济,2012(10).

160. 张晓梅. 中国城乡居民收入差距度量及实证研究[D]. 北京:中国社会科学院研究生院,2008:8-12.

161. 张学敏,张明. 教育能带来满意的收入吗?——受教育程度影响收入满意度的实证研究[J]. 教育与经济,2016(1).

162. 赵婷. 中国财政教育支出对城乡收入差距影响研究[D]. 兰州:宁夏大学,2015(3).

163. 郑春荣. 对我国工薪阶层实行结构性减税的政策建议[J]. 税务研究,2012(8).

164. 中国国际税收研究会课题组. 关于当前实施结构性减税的若干政策建议[J]. 涉外税务,2009(4).

165. 祝遵宏,张久如. 结构性减税的税制思考[J]. 财经科学,2011(4).

附　录

表1　1978—2013年中国泰尔指数和城乡收入比

年份	泰尔指数	城乡收入比
1978	0.09137	2.57035928
1979	0.080716	2.41573034
1980	0.088502	2.4966022
1981	0.065068	2.20188004
1982	0.046207	1.94964828
1983	0.036981	1.82052937
1984	0.039099	1.83281734
1985	0.041666	1.85890342
1986	0.064031	2.12269939
1987	0.068606	2.1664505
1988	0.069222	2.16810424
1989	0.080132	2.28711554
1990	0.072612	2.20049541
1991	0.090994	2.39994355
1992	0.108377	2.58494898
1993	0.128274	2.79665799
1994	0.134767	2.86339066

续表

年份	泰尔指数	城乡收入比
1995	0.121496	2.71471129
1996	0.103753	2.5122787
1997	0.100391	2.46892493
1998	0.10443	2.50929695
1999	0.117039	2.64850925
2000	0.128992	2.7868998
2001	0.137978	2.89874915
2002	0.154548	3.11148812
2003	0.162443	3.23095111
2004	0.159092	3.20855469
2005	0.158476	3.22372524
2006	0.160333	3.27832976
2007	0.161193	3.32961627
2008	0.158039	3.31485395
2009	0.156503	3.33295168
2010	0.146245	3.22841696
2011	0.136835	3.12582392
2012	0.132702	3.10281672
2013	0.125719	3.03001349

数据来源:1978—2013 年数据根据《中国统计年鉴》整理而得。

表 2　1978—2013 年中国财政支出结构

年份	科教文卫支出		一般公共服务支出		社会保障支出	
	总额(亿元)	比例(%)	总额(亿元)	比例(%)	总额(亿元)	比例(%)
1978	112.66	10.04	49.09	4.37	18.91	1.69
1979	132.07	10.30	57.24	4.47	22.11	1.72
1980	156.26	12.72	66.79	5.44	20.31	1.65
1981	171.36	15.05	70.88	6.23	21.72	1.91

续表

年份	科教文卫支出		一般公共服务支出		社会保障支出	
	总额(亿元)	比例(%)	总额(亿元)	比例(%)	总额(亿元)	比例(%)
1982	196.96	16.01	81.60	6.63	21.43	1.74
1983	223.54	15.86	102.20	7.25	24.04	1.71
1984	263.17	15.47	125.23	7.36	25.16	1.48
1985	316.70	15.80	130.58	6.52	31.15	1.55
1986	379.93	17.23	168.03	7.62	35.58	1.61
1987	402.75	17.80	179.33	7.93	37.40	1.65
1988	486.10	19.51	220.89	8.87	41.77	1.68
1989	553.33	19.60	261.86	9.27	49.60	1.76
1990	617.29	20.02	303.10	9.83	55.04	1.78
1991	708.00	20.91	343.60	10.15	67.32	1.99
1992	792.96	21.19	424.58	11.35	66.45	1.78
1993	957.77	20.63	535.77	11.54	75.27	1.62
1994	1 278.18	22.07	729.43	12.59	95.14	1.64
1995	1 467.06	21.50	872.68	12.79	115.46	1.69
1996	1 704.25	21.47	1 040.80	13.11	182.68	2.30
1997	1 903.59	20.62	1 137.16	12.32	328.42	3.56
1998	2 154.38	19.95	1 326.77	12.29	595.63	5.52
1999	2 408.06	18.26	1 525.68	11.57	1197.44	9.08
2000	2 736.88	17.23	1 787.58	11.25	1 517.57	9.55
2001	3 361.02	17.78	2 197.52	11.63	1 987.40	10.51
2002	3 979.08	18.04	2 979.42	13.51	2 636.22	11.95
2003	4 505.51	18.28	3 437.68	13.95	2 655.91	10.77
2004	5 143.65	18.06	4 059.91	14.25	3 116.08	10.94
2005	6 104.18	17.99	4 835.43	14.25	3 698.86	10.90
2006	7 425.98	18.37	5 639.05	13.95	4 361.78	10.79
2007	11 793.96	23.69	8 514.24	17.10	5 447.16	10.94

续表

年份	科教文卫支出		一般公共服务支出		社会保障支出	
	总额(亿元)	比例(%)	总额(亿元)	比例(%)	总额(亿元)	比例(%)
2008	14 992.20	23.95	9 795.92	15.65	6 804.29	10.87
2009	18 569.32	24.34	9 164.21	12.01	7 606.68	9.97
2010	22 147.08	24.64	9 337.16	10.39	9 130.62	10.16
2011	28 648.22	26.22	10 987.78	10.06	11 109.40	10.17
2012	35 208.19	27.95	12 700.46	10.08	12 585.52	9.99
2013	37 669.00	26.96	14 680.10	10.50	14 417.00	10.32

数据来源:1978—2013 年数据来源于《中国统计年鉴》整理而得。

表 3　1994—2015 年中国财政支出情况

时间	全国财政支出(亿元)	中央财政支出(亿元)	地方财政支出(亿元)	中央财政支出比重(%)	地方财政支出比重(%)
1994	5 792.62	1 754.43	4 038.19	30.3	69.7
1995	6 823.72	1 995.39	4 828.33	29.2	70.8
1996	7 937.55	2 151.27	5 786.28	27.1	72.9
1997	9 233.56	2 532.5	6 701.06	27.4	72.6
1998	10 798.18	3 125.6	7 672.58	28.9	71.1
1999	13 187.67	4 152.33	9 035.34	31.5	68.5
2000	15 886.5	5 519.85	10 366.65	34.7	65.3
2001	18 902.58	5 768.02	13 134.56	30.5	69.5
2002	22 053.15	6 771.7	15 281.45	30.7	69.3
2003	24 649.95	7 420.1	17 229.85	30.1	69.9
2004	28 486.89	7 894.08	20 592.81	27.7	72.3
2005	33 930.28	8 775.97	25 154.31	25.9	74.1
2006	40 422.73	9 991.4	30 431.33	24.7	75.3
2007	49 781.35	11 442.06	38 339.29	23.0	77.0
2008	62 592.66	13 344.17	49 248.49	21.3	78.7
2009	76 299.93	15 255.79	61 044.14	20.0	80.0

续表

时间	全国财政支出（亿元）	中央财政支出（亿元）	地方财政支出（亿元）	中央财政支出比重(%)	地方财政支出比重(%)
2010	89 874.16	15 989.73	73 884.43	17.8	82.2
2011	109 247.79	16 514.11	92 733.68	15.1	84.9
2012	125 952.97	18 764.63	107 188.34	14.9	85.1
2013	140 212.1	20 471.76	119 740.34	14.6	85.4
2014	151 785.56	22 570.07	129 215.49	14.9	85.1
2015	175 768	25 549	150 219	15.0	85.0

表 4　1995—2014 年中国财政教育支出相关指标

统计年度	财政教育支出绝对量（亿元）	GDP 绝对量（亿元）	财政教育支出占 GDP 比例(%)	财政教育支出增长率(%)	GDP 增长率(%)	弹性系数
1995	1 411.52	60 793.73	2.46	20.16	10.9	1.85
1996	1 671.7	71 176.59	2.44	18.43	10	1.84
1997	1 862.54	78 973.03	2.32	9.19	9.3	0.99
1998	2 032.45	84 402.28	2.35	10.45	7.8	1.34
1999	2 287.18	89 677.05	2.36	11.64	7.6	1.53
2000	2 562.61	99 214.55	2.41	12.04	8.4	1.43
2001	3 057.01	109 655.17	2.55	19.29	8.3	2.32
2002	34 91.4	120 332.69	2.58	14.21	9.1	1.56
2003	3 850.62	135 822.76	2.79	10.29	10	1.03
2004	4 465.86	159 878.34	2.9	15.98	10.1	1.58
2005	5 161.08	184 937.37	2.84	15.57	11.3	1.38
2006	6 348.36	216 314.43	2.79	23	12.7	1.81
2007	8 280.21	265 810.31	2.81	30.43	14.2	2.14
2008	10 449.63	314 045.43	3.01	26.2	9.6	2.73
2009	12 231.09	340 902.81	3.36	17.07	9.1	1.88

续表

统计年度	财政教育支出绝对量（亿元）	GDP 绝对量（亿元）	财政教育支出占 GDP 比例（%）	财政教育支出增长率（%）	GDP 增长率（%）	弹性系数
2010	12 550.02	401 512.80	3.13	2.61	17.78	0.15
2011	16 497.33	473 104.05	3.49	31.45	17.83	1.76
2012	21 242.17	519 470.10	4.09	28.76	9.80	2.94
2013	24 488.22	568 845.21	4.30	15.28	9.50	1.61
2014	26 529.76	636 462.70	4.17	8.34	11.89	0.70

数据来源：1995—2014 年数据来自历年中国统计年鉴，2012 年的数据由国家统计局初步核算公布。

表 5　1995—2014 年中国城乡义务教育预算内教育经费情况

	城市生均预算内教育经费（元）		农村生均预算内教育经费（元）		义务教育经费城乡差距比
	初中	小学	初中	小学	
1995	591.49	312.25	392.59	219.31	1.48 : 1
1996	663.12	356.33	435.36	248.75	1.49 : 1
1997	714.70	392.56	468.06	275.06	1.49 : 1
1998	743.05	435.96	478.25	305.62	1.50 : 1
1999	770.68	483.79	508.58	345.77	1.47 : 1
2000	826.08	570.19	533.54	412.97	1.48 : 1
2001	977.86	739.60	656.18	550.96	1.42 : 1
2002	1 125.18	917.87	795.84	708.39	1.36 : 1
2003	1 232.21	1 053.01	871.79	810.07	1.36 : 1
2004	1 418.46	1 244.42	1 073.68	1 013.80	1.28 : 1
2005	1 681.86	1 449.6	1 314.64	1 204.88	1.24 : 1
2006	2 075.9	1 761.51	1 717.22	1 505.51	1.19 : 1
2007	2 925.56	2 329.8	2 433.28	2 084.28	1.16 : 1
2008	3 783.34	2 897.47	3 303.16	2 617.59	1.13:1
2009	4 597.61	3 537.76	4 065.63	3 178.08	1.12 : 1

续表

	城市生均预算内教育经费(元)		农村生均预算内教育经费(元)		义务教育经费城乡差距比
	初中	小学	初中	小学	
2010	5 531.44	4 222.11	4 896.38	3 802.91	1.12 : 1
2011	6 876.62	5 167.43	6 207.10	4 764.65	1.10 : 1
2012	8 367.39	6 240.40	7 906.61	6 017.58	1.05 : 1
2013	9 320.97	6 948.58	9 195.77	6 854.96	1.01 : 1
2014	11 006.84	7 958.13	9 711.82	7 403.91	1.11 : 1

数据来源:据1995—2010年中国教育统计年鉴相关数据计算而得。

表6 1995—2012年全国义务教育生均预算事业费支出情况

年份	生均预算内教育事业经费支出(元)				农村占全国义务教育生均预算内教育事业经费比重(%)
	普通小学		普通初中		
	全国	农村	全国	农村	
1995	265.78	219.31	492.08	392.59	80.74
1996	302.54	248.75	549.24	435.36	80.32
1997	333.81	275.06	591.38	468.06	80.32
1998	370.79	305.62	610.65	478.25	79.87
1999	414.78	345.77	639.63	508.58	81.03
2000	491.58	412.97	679.81	533.54	80.80
2001	645.28	550.96	817.02	656.18	82.55
2002	813.13	708.39	960.51	795.84	84.81
2003	931.54	810.07	1052.00	871.79	84.79
2004	1 129.11	1 013.80	1 246.07	1 073.68	87.89
2005	1 327.24	1 204.88	1 498.25	1 314.64	89.17
2006	1 633.51	1 505.51	1 896.56	1 717.22	91.29
2007	2 207.04	2 084.28	2 679.42	2 433.28	92.45
2008	2 757.53	2 617.59	3 543.25	3 303.16	93.97
2009	3 357.92	3 178.08	4 331.62	4 065.63	94.20
2010	4 012.51	3 802.91	5 213.91	4 896.38	94.29

续表

年份	生均预算内教育事业经费支出(元)				农村占全国义务教育生均预算内教育事业经费比重(%)
	普通小学		普通初中		
	全国	农村	全国	农村	
2011	4 966.05	4 764.65	6 541.86	6 207.10	95.34
2012	6 128.99	6 017.58	8 137.00	7 906.61	97.60
2013	6 901.77	6 854.96	9 258.37	9 195.77	99.32
2014	7 681.02	7 403.91	10 359.33	9 711.82	94.87

数据来源:据 1995—2014 年全国教育经费执行情况统计公告相关数据计算而得。

表 7　1995—2014 年城乡居民收入比情况

年份	城乡工资性收入比	城乡经营性收入比	城乡财产性收入比	城乡转移性收入比	泰尔指数
1995	9.24	0.08	6.20	12.82	0.121496155
1996	8.13	0.10	5.45	13.11	0.103753349
1997	7.34	0.11	5.26	13.35	0.100391425
1998	6.71	0.13	4.37	11.77	0.104429579
1999	6.44	0.15	4.07	12.57	0.117038803
2000	6.34	0.17	2.85	18.35	0.128992061
2001	6.21	0.19	2.86	19.00	0.137977763
2002	6.44	0.22	2.01	20.40	0.154547876
2003	6.53	0.26	2.05	21.82	0.162443385
2004	6.66	0.28	2.10	20.10	0.159091602
2005	6.15	0.37	2.18	18.00	0.158475517
2006	5.93	0.42	2.43	16.03	0.160332516
2007	5.93	0.43	2.72	15.23	0.161192956
2008	5.64	0.58	2.61	12.15	0.158038815
2009	6.01	0.60	2.58	12.98	0.156503247
2010	5.62	0.60	2.57	11.24	0.146245422

续表

年份	城乡工资性收入比	城乡经营性收入比	城乡财产性收入比	城乡转移性收入比	泰尔指数
2011	5.20	0.69	2.84	10.13	0.136835373
2012	5.03	0.72	2.84	9.27	0.13270227
2013	4.55	0.75	2.62	13.10	0.125718594
2014	4.32	0.77	2.57	12.67	0.11646612

数据来源:根据国家统计局年鉴相关数据计算得来。

后 记

严重的收入差距是我国需要重点解决的高难度问题之一。党的十八大提出2020年城乡居民人均收入要实现倍增;在实现居民收入倍增的过程中,要着力解决收入分配差距较大的问题。由于城乡收入差距是总体收入差距上升的主要原因和所有收入差距问题研究的核心,因此,选择城乡收入差距作为突破口具有非常重要的研究意义。基于我国财政制度和政策工具的调控规模不断扩大和结构逐渐优化,兼具收入公平分配和促进经济增长的双重作用,是更有优越性的预微调手段,也是本人多年来关注研究的重点方向,于是,探索研究财政制度和政策工具如何缩小城乡收入差距就成为我坚定的研究目标。

在长达三年的研究过程中,我做了大量的相关文献研究,并和团队成员走访调研了许多城乡居民,对国家统计局相关数据和调研数据进行比较分析,最终确定了数据来源和城乡收入差距测度指标。在此基础上,构建了本书框架和研究思路,并再三修订调整直至今日最终定稿,还是感觉有些内容有继续和深入研究的必要。正所谓"路漫漫其修远兮,吾将上下而求索",科研之路永无止境,值得我一直探索下去。

本书是我主持教育部人文社会科学研究项目"缩小城乡收入差距的有效财政制度安排和政策工具研究"(立项编号11YJA790161)的主要研究成果之一。感谢基金的支持,让我得以全身心投入研究。

感谢湖南商学院对本书的支持。

感谢家人的支持,感谢莫廷程、李欢和王文成等同学的帮助,感谢所有为本书提供帮助的朋友。

财政制度和政策影响收入差距的研究已经非常广泛,成果也很丰富。由于时间和本人研究能力有限等原因,有些内容的分析还不够全面,个别地方的研究还有待深入,希望读者不吝赐教。

温桂荣

2016 年 7 月